誰も教えなくなった、料理きほんのき

鈴木登紀子

この本を手に取ってくださったあなたへ

私が生まれ育ち、22歳でパパ（夫・鈴木清佐《きよすけ》。２００９年逝去）のもとへ嫁ぐまで暮らした青森県八戸市の生家の台所は、10畳ほどの板の間で床の下に大きな木箱が埋めてありました。それは料理上手で知恵者だった母が考案した野菜貯蔵庫。木箱には藁が敷かれ、長ねぎ、白菜、さといも、にんじんなどが新聞紙に包まれて出番を待っておりました。今でも目を閉じると、湯気の向こうで、トントントンと小気味よく包丁を鳴らす母の後ろ姿が瞼に浮かびます。

町に電灯が灯る時刻、母や姉たちがそれぞれ身支度をして、父の酒肴と夕食の用意に取りかかります。幼い私にも仕事がありました。床下へ続く2段ほどのはしごを降りて、必要な野菜をざるに集めることと、台所にある水がめを水でいっぱいにすること。ポンプをガッチャンガチャンと一生懸命に動かして、井戸水を汲み上げるのです。また、母が大きなすり鉢と山椒の木のすりこぎを出してきますと、すり鉢をしっかり押さえて動かないようにするのも私の役目でした。

長いすりこぎをゴリゴリと動かす母の手つきが、なんと鮮やかだったことか。ふわりとごまの香りが立ち上がり、あっという間になめらかなとろろができあがるのを見るたびに、「私も早くすりこぎ係になりたい」と願ったものでした。

サラリーマンの夫と3人の子供と暮らす平凡な専業主婦だった40代の私が、自宅で始めたお料理教室をきっかけに『きょうの料理』（ＮＨＫ Ｅテレ）に出演し、〝先生〟と呼ばれるようになってかれこれ

50年になります。〝日本料理研究家〟というたいそうな肩書きもついております。はて、何か研究してきたかしら？　が本音ですが、強いて言えば、明治生まれの我が母〝お千代さん〟が研究テーマだったのではないかという気もいたします。

小学校に上がるか上がらないかのころから母にぴったりくっつき、今よりずっと不自由で物のない時代に、知恵を絞り、手をかけてあれこれとお膳に並べていくお千代さんの姿を、ずっと追いかけてきたのではないかと思うのです。お千代さんは私の原点。お料理はもとより、何事にも心を添えて丁寧に対処する暮らし方、生き方のお手本でした。

昭和6年、私が小学校に上がった年に、篆刻家《てんこくか》だった父が亡くなりました。生前は晩酌を欠かしたことがなく、お客様を招いて酒宴になることもしょっちゅうで、何かと口うるさく厳しい人でした。しかし、母は愚痴ひとつこぼさず、毎日2時間にもおよぶ父の晩酌のために料理を作り続けました。

「ほっとした」

それが父の死に際し、母が呟いたひと言でした。後年、悲しみも寂しさも超越したその表情を思い返すたびに、明治女の凄味と潔さに感嘆せずにはいられませんでした。

今も昔も、私の素性は鈴木清佐の妻であり、3人の子供、5人の孫、7人のひ孫をもつ、鈴木家の〝主婦〟です。そしてお台所は、この世でいちばん落ち着く私の居場所であり、主婦である私の聖地。私はここでパパの好物をこしらえ、3人の子供たちの成長を支え、お料理教室で生徒さんたちに四季折々の献立をお伝えしてきました。深夜にひとり、原稿を書くのもここ。息抜きに鍋をごしごし磨いたりもします。

食べることは生きることです。命は栄養のあるものをバランスよく、おいしく食べることで元気になります。時代は変われど、この原則は決して変わりません。そしてその「命のもと」はお台所から生まれます。誤解しないでくださいね。〝おいしく〟というのは何も、つねに手間ひまかけて何品も作って食べる……ということではありません。時間がなければ炊きたてご飯におみそ汁、卵焼きとお漬けものだけでもよろしいの。今は親も子供も大忙しですから、せめて朝食、あるいは夕食だけでも、お腹がほっとする温かいお膳で、ご家族で食卓を囲んでほしいのです。

「医食同源」と申します。私は肝臓がん、糖尿病、高血圧とは長いおつきあいですし、一昨年には心筋梗塞で死にかけもしましたが、お医者様も驚愕する快復力で生還いたしました。それを可能にしたのは、旬の元気な食材をおいしくいただくことに執着した〝食い意地力〟の賜物だと自負しております。

この本では、ご飯の炊き方からおだしの取り方、野菜の切り方や煮炊きのコツ、美しい盛りつけのポイントなど、私の50年に及ぶ家庭料理のすべてを詰め込みました。丁寧に伝えたいから、私のレシピは長めですよ。基本ができるようになったら、ご自分で工夫していってくださいね。

ここでもうひとつ、お料理を始める前にお願いしたいことがあります。

それは、手をよく洗うこと。手はばい菌の巣窟です。世界的脅威となった新型コロナウイルスの予防策でも、こまめな手洗いがいちばんに挙げられていましたが、口に入る食材を扱うお料理ではなおさらです。包丁を手にする前や食事をする前には必ず手を洗ってください。また、お料理の途中でスマホなどをいじらないこと。いじったら、再度手を洗いましょう。エプロンにハンドタオルを挟んでおくと、すぐに手が拭けて便利です。

「慎始敬終《しんしけいしゅう》」という言葉がございます。始めを慎《つつし》み、終わりを敬《つつし》む。つまり、物事を最初から最後まで、気も手も抜かずに注意深くやり通すことを申します。今や、おだしを取らずともおみそ汁はいただけますし、スーパーのお惣菜コーナーをひと回りすれば、ひと通りの夕食は整う便利な時代になりました。でもね、愛する人や家族のことを思いながら、食材を吟味し丁寧に仕上げたお料理は、空腹とともに心も温かく満たしてくれます。私がそうであったように、お台所でテキパキと立ち働く母の姿を見て育った子供は、将来お料理を厭わず、しっかり食べる元気な子に育ちます。お料理は〝手間〟ではないの。命と心を育む大切な人間の営みなのです。新型コロナウイルスにより、私たちの暮らしは一変し、家でお料理をする人がたくさん増えたそうです。また体にいいもの、環境にやさしいものをとりたいと、食への意識を改めた方も増えたと聞いております。

　この本は、皆さんに料理の基本をまず身につけてほしいと願って作りました。お手に取っていただいたことに感謝するとともに、主婦の聖地であるお台所と、家族のオアシスである食卓に笑顔を運ぶ一助となれば何よりの幸せです。

２０２０年10月

鈴木登紀子

目次

第2章　料理の下ごしらえ……35

第3章　毎日のおかず……81

【本書の使い方ガイド】
●材料は4人分を基本にしています。
●1カップは200cc、大さじ1は15cc、小さじ1は5ccを表します。
●電子レンジは500wを基準にしています。

慣れれば簡単。
直火炊き「白飯」

白飯は文化鍋や土鍋などを使った直火炊きがおすすめ。ばぁばの炊き方は「はじめパッパ、なかチョロチョロ」で10〜14分、蒸らして10分、約30分で、冷めても美味な白飯が完成。

(→白飯の炊き方31ページ)

「和食の基本は一汁三菜。
でも時間がないときは
一汁一菜にお漬けものでもよいの。
ただ、ご飯は必ず炊きたて、
汁椀は煮えばなを
食卓に並べたいですね」

旬の魚で一汁二菜「金目鯛の早煮」

家庭料理の献立は、魚か肉の主菜、野菜の副菜、汁椀が基本。金目鯛のような火が通りやすい魚の煮ものは、さっと煮る。

（→金目鯛の早煮の作り方93ページ）

秋の野山に見立てた「吹き寄せご飯」

根菜がおいしい秋に、必ず作るのが、具だくさんのかやくご飯。ごぼうを秋枯れの松葉、にんじんを紅葉に見立て、色づく里山を演出したごちそう。

（→吹き寄せご飯の作り方33ページ）

「〝目で味わう〟のも
日本料理の本懐です。
華やかな炊き込みご飯は、
それだけでおごちそう。
その分、丁寧な下ごしらえと
目が喜ぶ盛りつけに
心を砕いてくださいね」

あらを使って賢く「ごちそう鯛めし」

鯛の切り身とあらを使った上品な味わいの炊き込みご飯。うまみの濃いあらからよいだしが出るので、調味は風味づけ程度で。色鮮やかな木の芽をちらし、春を祝う祝膳に。

（→ごちそう鯛めしの作り方33ページ）

お千代さん直伝
「牛肉と豆腐の
ごちそうみそ汁」

牛肉の極上のうまみと豆腐の甘み、ごぼうの歯ごたえ。母・お千代さん考案のみそ汁に、幼少のばぁばは心を奪われた。本当の"贅沢"をみそ汁が教えてくれた。

(→牛肉と豆腐のごちそうみそ汁の作り方141ページ)

「おみそ汁はご飯の相棒、
食膳になくては
ならない名脇役です。
でもね、たまには
『まさか、おみそ汁に?』と
意表をつく上等な具材を
使ってごらんなさい。
格好いいわよ」

「絶妙なうまみを
もたらすおだしは、
日本の食文化の基盤。
真冬にしか味わえない
白子は、お吸いもので
素材と風味をぞんぶんに
味わいたいものです」

水だしで上品に
「白子椀」

北国で真冬に旬を迎えるたら。鮮度が命の白子は、高級珍味で寿司だねにもなる。魚介のお吸いものでは、水だしを使うと、濃厚なうまみを引き出しながら、後味はすっきり。

(→白子椀の作り方
25ページ)

青菜の代表「ほうれん草のおひたし」

「おひたし」とは、だしにゆでた葉もの野菜などを浸すこと。ほうれん草を手際よく塩ゆでし、きつく絞ること。下ごしらえを丁寧にすればシャキシャキとおいしくいただける。

（→ほうれん草のおひたしの作り方25ページ）

薄だし＋焼き干しで煮込む「おでん」

ひと口大にすれば味もしみやすい。「こんにゃくは三角にし、揚げボールとともに串に刺し、田楽法師に見立てました。田楽法師は長い一本足の竹にのって田んぼで躍った芸人のこと。おでんも"お田"といい、田楽が由来です」

（→おでんの作り方24ページ）

「ほうれん草も
かつおの薄だし。
おひたしは
だしに浸けるから
〝おひたし〟ですよ。
ばぁばは、おでんの
こんにゃくが大きいのは
感心しません。
お箸では割れないし、
かじりついては
見苦しいでしょう。
ひと口大に揃えて
食べやすくしましょう」

第1章
基本のおだしとご飯

だし

日本料理の味はおだしで決まります

私のお料理教室ではお食事が終わったあと、必ず生徒さんに「今日はどれがお気に召しました？」とお訊きしています。すると、ほとんどの方が煮ものかお椀ものを挙げます。「やさしいおだしの味わいにほっとしました」と、口を揃えておっしゃるのです。

世界文化遺産にも登録された日本料理を日本料理たらしめているのは、昆布やかつお節、煮干しなどで取るおだしです。おしょうゆやみそといった調味料ももちろん重要ですが、お肉やお魚、お野菜の持ち味を引き出し、絶妙な〝うまみ〟を創造するおだしは、日本の食文化の基盤です。

ところが残念なことに、今やおだしは〝取る〟ものではなく、市販の調味だしを〝入れる〟もの、汁椀はインスタントですませる……というご家庭が増えているとも聞きます。その一方で、「だしといえば昆布とかつおの削り節を合わせたかつお昆布だし」と決めつける風潮もあり、おだしが〝面倒なもの〟として考えられていることが残念でなりません。

おだしはけっして難しいものではありません。手順さえ覚えれば、誰でも簡単においしいおだしが取れます。

よく使うおだしの材料には昆布や削り節、煮・焼き干しなどがありますが、私は、普段のおみそ汁や煮ものにはかつおの削り節だけで十分だと思います。お鍋に湯を沸かし、削り節をむんずと片手でつかんで鍋に入れ、アクを取りながら2～3分煮出しします。あとは冷めるのを待って、かたく絞った布巾か不織布タイプのキッチンペーパーで漉すだけです。気をつけていただきたいのは、鍋に蓋をしないこと、グラグラ煮立てないこと。昆布も削り節も煮立てて味を〝引き出す〟のではなく、適度な温度でうまみをじわりと〝抽出する〟ことが肝要なのです。

ちなみに私は、たとえばぶりなど、味の濃い具材を使うお料理には、おだしを水で3倍に薄めた「薄だし」を使うこともあります。また、かぼちゃはおだしを使わず、水と調味料だけで甘煮にしたほうがおいしい。具材によっては、おだしで口の中が嫌になることもあるのです。

お千代さんが好んだ「水だし」、煮干し・焼き干しの妙味

さて、それでは昆布だしはどんなお料理に使うのかと申しますと、すまし汁や和えもの、お魚を使った炊き込みご飯、冬は鍋ものなど、透明感がほしいお料理や、具材がもつ強いうまみを邪魔せずに引き立てるときに欠かせません。

昆布はやっぱり北海道産

昆布はできるだけ上等なものを使いたい。昔から利尻《りしり》や羅臼《らうす》、日高の昆布がよいと言われている。味わいが深く上品で、ほんの少しの量でもコクのあるだしが取れる。

いろいろな「だし」がある

魚の頭や中骨、鶏がらなどもコクのあるだしができる。魚の頭や中骨は塩をふってから熱湯を、鶏がらはそのまま熱湯をかけ、最後に水で洗って臭みを取って、煮出す。最近は飛び魚（あご）のだしも上品で味が深くなると人気。

お千代さんは、「水だし」を好んで使っておりました。昆布をはじめ、煮干し（焼き干し）、干ししいたけなどを、それぞれ水に浸してひと晩寝かせるのです。「夜のうちに、時間がおだしに仕立ててくれるのよ」とお千代さんは言っていましたが、なるほど、少々時間はかかりますが、水だしは失敗がありませんし、乾物になった昆布や片口いわしが水の中にもどされ、ゆっくりとほぐれてじわりじわりとうまみを開放していくのですから、格段においしいのです。

また、朝食のみそ汁には、前の晩にお鍋に水と煮干しを入れ、お猪口《ちょこ》1杯ほどのお酒を加えておきます。朝起きたときには、おいしいおだしができあがっているというわけです。

煮干しは取り出さずにそのまままみそ汁の具材に。私は焼き干しも愛用していますが、暮れの忙しいとき、たっぷりの焼き干しのおだしに乱切りにした大根を入れ、お酒とおしょうゆを少し加えて、コトコトと火にかけておきます。大根の甘みがよく引き出されて得もいわれぬおいしさ。このように素朴なおかずは、お腹も気持ちもほっと和ませてくれます。

おだしに浸すから「ほうれん草のおひたし」

「ほうれん草のおひたし」はどうやって作る？　ほうれん草をゆで、水気を絞り、糸削りをあしらって……さて、味つけは如何に？「しょうゆ」と答えた方、残念。あなたが作ったのは、おひたしではなく、「ゆでほうれん草のおしょうゆがけ」。ほうれん草のおひたしは、ほうれん草をだしに〝浸す〟から「おひたし」なのです。（作り方25ページ）

汁ものの基本4か条

その1

お吸いもの用とみそ汁用、だしを使い分ける

汁ものの味は、だし汁で決まります。お吸いものは、できるだけ上等な昆布と削り節を、布巾で漉して濁りのない風味豊かな一番だしを取りましょう。グラグラ煮立てるとクセや濁りが出るのでご注意を。みそ汁は、上品に仕上げたいときは濃いめの一番だしを使いますが、普段用ならかつおだしやコクのある煮干しだしを。煮干しは苦みや臭みが出ないように頭とわたを除いて、アクをすくい取ります。

その2

しょうゆ、みそは最後に加えて風味よく仕上げる

しょうゆやみそは、長く煮ると風味が飛んでしまいます。お吸いものはまず塩を加え、塩が溶けたら味見をして薄口しょうゆを加えます。このときの味つけは、やや薄味にしておいたほうが最後までさっぱりとおいしいですね。みそは、豚汁のように具にみそ味をつけたいときは、半量を先に溶き入れておき、風味づけに最後にもう半量を加えます。

その3

夏は辛め、冬はやや薄味に。季節に合わせてみそを使い分ける

みそはこうじの種類によって、米みそ、麦みそ、豆みそなどがあり、産地ごとにそれぞれ違った味わいがあります。特徴を覚え、料理はもちろん、季節にも合わせて使い分けましょう。暑い夏にはさっぱりと辛めにし、寒い冬にはやや薄味にすると喜ばれます。また、2種類のみそを合わせて使うと、よりコクのある味わいになります。慣れてきたら、わが家の〝合わせみそ〟を楽しんでみてくださいね。

その4

お吸いものは、香りを添える吸い口が入って完成

お椀の具は、正式には椀だね、椀づま、吸い口の3種類があり、この3つが揃って完成です。椀だねはおもに動物性の食材、椀づまはそれに添える野菜、吸い口は春は木の芽、夏は青ゆず、秋・冬はゆずが定番です。そのほか、七味唐辛子、こしょう、粉山椒などの辛味も吸い口になります。色、味、香りのバランスを考え、仕上げの吸い口も忘れずに加えましょう。みそ汁でもちょっと物足りない、というときは吸い口を添えると香りが増しておいしくなります。

おもてなしには品よく「昆布だし」。でもご家庭の料理なら「かつおだし」で十分です

お吸いものとみそ汁、それぞれおだしを使い分けましょう。お吸いものは、できるだけ上等な昆布と削り節を使い、布巾で漉して濁りのない風味豊かな一番だしを使いたいもの。ぐつぐつ煮立てるとクセや濁りが出てしまいます。みそ汁でも上品な味にしたいときは一番だしを使いますが、毎日のみそ汁ならかつおだしで十分です。

一番だしの取り方

※4人分

まずは昆布だしを取る

❶ 昆布を拭く

昆布5〜10㎝2枚程度を用意。うまみ成分である白い粉部分は残し、表面の汚れを軽く拭き取る。

❷ 火にかける

3½カップの水を鍋に入れて①を火にかける。

❸ 煮立つ直前に取り出す

昆布は煮立つ直前に取り出す。入れたままだと昆布の臭みやぬめりが出て汁が濁るので注意。

Point

上品な味に仕上げたいときは昆布だしだけでも。

次に かつお節を加える

④ **かつお節を入れる**

③のだし（または水）が煮立ったら、大きくひとつかみしたかつお節を入れる。

⑤ **煮立ったら2分ほど煮る**

再び煮立ったらアクを引きながら弱めの中火で2分ほど煮て火を止める。

⑥ **ゆっくり冷ます**

かつお節が底まで沈むのを待つ。

Point
昆布やかつお節はグラグラ煮立てないように。

⑦ **漉す**

布巾を敷いたざるをボウルにのせたところに⑥を静かに流し入れ、漉す。

⑧ **かつお節を取り出す**

かつお節からだし汁がしたたり落ちなくなったら、布巾ごとかつお節を取り出す。

⑨ **完成**

澄んだきれいなだしが完成。「一番だし」とは❶〜❽の行程をしただしのこと。

Point
❸でとった昆布だしにかつお節を入れたものが「一番だし」です。でもご家庭のだし汁なら、❹〜❽までの行程のかつおだしだけで十分。

コクがある「焼き干し」「煮干し」はみそ汁に。火を使わない「水だし」はおいしさもひと味違います

煮干しも焼き干しも片口いわしの幼魚が原材料です。煮干しはゆでて干したもの、焼き干しは頭とわたを取って一度焼いてから干し上げたもの。「焼き干しは手間がかかっている分、お値段は張りますが、一段と風味がよく、クセのないおだしに。火を使わない水だしは、煮るよりひと味おいしく、私も冷蔵庫に昆布の水だしを常備しています」（ばぁば）

煮干しだしの取り方

※4人分

❶ 煮干しを煮る

3 1/3カップの水に煮干し20尾を入れる。

❷ 酒を加える

酒大さじ1を入れ、煮干しが躍らない程度の中火で6～7分煮出し、丁寧に漉す。

Point

煮干しは、臭み、苦みが出ないように頭を取り、半分に裂いて腹わたを除く。大根の煮ものやうどん、みそ汁に。

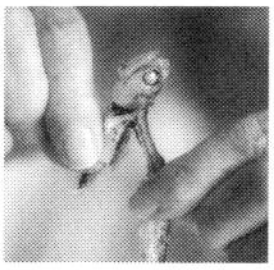

煮干しだしを使ったメニュー

●おでん（料理16ページ）

＊4人分

❶かつおの薄だし8カップに煮干し（焼き干しでも）8本を加え煮立て、酒大さじ3、塩少量、薄口しょうゆ大さじ4、下ゆでした大根1・5cm厚さの輪切り6つを加え弱火で7～8分煮る。❷下ゆでし三角に切ったこんにゃく、油抜きした練りものや揚げものを串刺しにして、角切りした焼き豆腐1丁を入れ20分弱火で煮る。❸早煮昆布9cm分を2cm角に切って加え、火を止めて冷ます。

水だしの取り方

※4人分

失敗なしのおいしい水だしは、昆布やかつお節、煮干し、焼き干し、干ししいたけなどを水に浸しておくだけ。ばぁばは、前の晩にお鍋に煮干しと水、お猪口1杯のお酒を入れてから寝ます。こうしておけば、翌朝、煮干しを引き出せば、すぐにおみそ汁が作れます。最低でも6時間は浸しておくこと。

Point
水だしは、冬のたらちりにもいいですよ。

Point
煮干しはへの字に曲がっていて背が青く、腹は銀色に輝いている新鮮なものを。保存は頭と腹わたを除き、密閉容器に入れて冷蔵庫で。

水だしを使ったメニュー

●白子椀（料理15ページ）

＊4人分

❶白子250gは流水でそっともみ洗いし、熱湯にくぐらせて、氷水で締める。しいたけ4枚も熱湯でゆでる。❷鍋に水だし3カップ、塩小さじ1、しょうゆ大さじ1を煮立てる。❸お椀に白子、薄切りにしたしいたけ、もどしてひと口大にしたわかめ適量を盛り、だしを張る。白髪ねぎと松葉型に切ったゆずの皮を添える。

Point
ばあばは昆布の水だしで作っています。だしを取ったあとの昆布は干して、佃煮などに。

●ほうれん草のおひたし（料理16ページ）

＊4人分

❶塩少量を加えたたっぷりの湯に、水洗いして根元に十文字の切り込みを入れたほうれん草1把を2～3株ずつ根元から入れ、煮立ったら一度返してすぐ冷水に放す。水の中でふり洗いし、よく絞る。❷だし汁（かつお節の薄だしがおすすめ）1カップ、酒大さじ½、薄口しょうゆ大さじ1½、塩少量を入れたバットに、2～3㎝の長さに切ったほうれん草を浸し、30分ほど冷やす。器に盛って、糸削り（糸状の削り節）をあしらう。

おもてなしにはお吸いもの、毎日の食卓には、四季たっぷりのみそ汁を

お椀に汁ものを盛りつける際は、まず、別鍋で温めた具材をお椀に均等に分け入れ、お汁はそのあとから張ること。お汁はふつっとくる程度に温めてから、お玉でそっと加えます。こうすると具材が崩れにくく、お吸いものの場合はおだしが濁りません。

お吸いものの味つけ

4人分で昆布だし3カップ、塩・薄口しょうゆ各小さじ1が基本。まず塩を加え、あとからしょうゆを。魚介のときは酒小さじ1をプラスして臭みを取り、風味をよくする。肉、魚介以外に旬の材料を取り入れても。

吸い口のいろいろ

汁ものに香りを添え、味を引き立てるあしらいのこと。

〈木の芽〉春の吸い口の代表格。
〈ゆずの皮〉へぎゆずなど、ゆずの皮をそいで添えて。
〈一味唐辛子〉どんな具にも合う。
〈七味唐辛子〉一味唐辛子よりマイルドな風味に。
〈粉山椒〉魚、肉の風味を出す。
〈こしょう〉肉類のクセを取る。
〈溶き辛子〉淡泊な具のときに。
〈ごま〉絹さやなど豆類に合う。

お吸いものメニュー　＊すべて4人分

●小はまぐりの潮汁

だし汁3カップに小はまぐり20個を入れ煮立て、口が開いたら貝を取り出して汁を漉す。貝、うどの短冊切り・ゆでてひと口大にした菜の花各小量を椀に盛り、塩・酒各小さじ1を加えただし汁を注ぐ。

●鯛の潮汁

鯛4切れはひと口大に切って、塩をふって熱湯をかけ、霜降りにする。だし汁3カップを煮立てて鯛を入れ、塩・酒各小さじ1を加えて仕上げる。

●しめじと豆腐

だし汁3カップに、小房に分けたしめじ2/3パック分、細長く切り揃えた絹ごし豆腐1/2丁分を入れてひと煮立ちさせ、塩・薄口しょうゆ各小さじ1を加えて仕上げる。

●あおやぎと豆腐

あおやぎ100gはざるに入れて洗い、水気を切る。豆腐1/2丁は色紙切りにする。だし汁3カップを煮立て、塩・薄口しょうゆ・酒各小さじ1で調味し、あおやぎ、豆腐を加えてさっと煮て仕上げる。

●鶏の丸とよりうど

だし汁3カップに下ゆでした鶏の丸4個（作り方は186ページ（左上段参照）、よりうど5cm分、にんじん薄切り少量、ゆでた絹さや6枚を加え煮て、塩・薄口しょうゆ・酒各小さじ1で調味し、仕上げる。

「よりうど」など お吸いものには飾り切り

おもてなしには、見た目もよくしたい。下段の「鶏の丸とよりうど」のよりうどは、かつらむきし、細く斜めに切ったうどを水に放って丸みをつけた飾り切り。ここに薄焼き卵の細切りも飾るとさらに華やかに。

みそ汁の味つけ

4人分でだし汁3カップ、みそ60gが基本。みそは最後に手早く溶き入れ、煮えばなをいただく。具を入れるタイミングは、根菜類はだし汁が冷たいうちから入れ、豆腐などは煮立ってから、青菜はみそを溶き入れてから。

みそのいろいろ

〈中辛みそ〉 信州みそなど、クセのない一般的なみその総称。合わせみその基本にぴったり。

〈江戸みそ〉 中甘みその代表的なもので、やや赤みがかっているのが特徴。赤みそともいう。

〈西京みそ〉 甘みの強い白みそ。粟麩、よもぎ麩、かぶなどのやわらかい舌ざわりの具に。

〈八丁みそ〉 渋みのある個性の強いみそ。具には、しじみなどの貝類がいちばん。豆腐となめこにも。

〈合わせみそ〉 複雑な味を出す合わせみそ。離れた地域のみそ2種類を同じ容器に入れておく。

毎日のみそ汁メニュー ＊すべて4人分

●オクラと豆腐

だし汁3カップを煮立て、みそ60gを溶き入れてから、さいの目に切った絹ごし豆腐1/2丁を加えてひと煮立ちさせる。さっとゆで、小口切りしたオクラ12本を散らす。

●なす、いんげん、みょうが

だし汁3カップに、縦半分に切って薄切りにしたなす1個を入れて煮る。みそ60gを溶き入れ、3cm長さに切って下ゆでしたいんげん6本、縦薄切りにしたみょうが1個を加え、ひと煮立ちさせる。

●新キャベツと油揚げ

だし汁5カップに1cm幅のざく切りした新キャベツ2枚分を入れ、煮立ったら、油抜きして千切りした油揚げ1枚を加える。2〜3分煮て、みそ100gを溶き入れ、ひと煮立ちさせる。

●揚げ玉、もやし、大根の葉

だし汁3カップを煮立ててみそ60gを溶き、もやし150gを加えて火を止めて椀に盛る。揚げ玉小さじ3、ゆでてみじん切りした大根の葉少量を散らす。

●じゃがいも、いんげん

だし汁5カップに、いちょう切りして水にさらしたじゃがいも1個分を加えて煮る。煮立ったら中火で7〜8分煮、3cm長さにしたいんげんを加えて3〜4分煮る。みそ80gを溶き入れ、ひと煮立ちさせる。

●豆腐、ふのり、ねぎ

だし汁3カップを煮立てて、中辛みそ60gを溶き、さいの目切りした絹ごし豆腐1/2丁をさっと煮たら、水でもどしたふのり1カップ、小口切りしたねぎ1/3本を散らす。

●しじみの八丁みそ仕立て

昆布の水だし5カップを煮立て、砂を吐かせたしじみ500gを加え、しじみの口が開いたら火を止め、しじみを椀に盛る。汁を漉して八丁みそ100gを溶き入れ、酒大さじ1を加えて煮、ぐらっときたら火を止め、椀に注ぐ。好みで粉山椒を。

●豆腐の赤だし

だし汁3カップを火にかけ、煮立ったら赤みそ70g、酒小さじ1を加える。さいの目に切った豆腐は別鍋に薄いだしを入れて温め、お椀に盛って三つ葉を添え、熱い汁を注ぐ。豆腐を赤だしで煮ると色が悪くなるので注意。

ご飯

おいしいご飯を炊きましょう

パパは生前、お料理はもとより、よほどの用がない限りお台所に足を踏み入れることはありませんでした。また、あれが食べたい、これが食べたいと言うこともなく、お酒も飲まない人でしたから、食卓に出されたお膳を黙々と食べるのがつねでした。ただ、ご飯には妥協しない人でした。もう歯が立たないほどかたーく炊いたご飯が大好きで、ときに私が水加減を誤ってご飯がやわらかいと、お茶碗を掌にのせたまま、じーっと私の顔を恨めしそうに見つめるのです。「ご飯、ちょっとやわらかくなっちゃったの。ごめんなさい」と謝っても、やるせない表情が消えませんでした。ご飯の硬さぐらいで大人げないとも言えますが、戦争を体験した世代にとって、白米をお腹いっぱいいただけることは特別な意味をもちます。だからこそ「おいしく食べたい」という、パパなりのこだわりだったのでしょう。

お米は日本人の主食であり、家庭の食卓に欠かせないものです。伝統的な和のおかずはどれも、ご飯に合うように味つけされていますでしょう？　ステーキやハンバーグなどで

研ぎ汁は手早く捨てる

お米を研ぐときは、最初に加える水が重要。乾燥したお米は水分を吸いやすいので、手早く研いですぐに水を捨てること。時間をかけていると、あとでどんなにすすいでも、糠臭くてすっきりしないご飯になる。

さえも、おしょうゆや大根おろしでいただくようになりました。ご飯はそれほど偉大なのです。新米の季節は、上手に炊けたご飯だけでも立派なおごちそう。ちょうどさんまの旬と時期が重なりますから、ふっくらとツヤツヤ輝く白飯と脂ののったさんまの塩焼き、これに豆腐のおみそ汁でも添えれば、至福の夕餉になります。

わが家には、電気炊飯器がありません。結婚当初から現在に至っても、文化鍋と呼ばれるアルミ鍋でご飯を炊いております。ふたりの娘たちにも文化鍋を花嫁道具に忍ばせて嫁がせました。文化鍋はとても丈夫な上に扱いが簡単。煮ものにも重宝します。沸騰してくると蓋が軽やかに躍り、カタカタと鳴って弱火に落とすタイミングを教えてくれます。土鍋などでも結構です。ぜひ、炊きたてのおいしいご飯を食卓に。

食事の用意はお米を研ぐことから始まります

手順さえ守れば、どなたでもお鍋でおいしいご飯が炊けます。まず、お米を手早く、水が濁らなくなるまで研ぎ、水が澄むまですすぎます。近年は精米技術が進み、混ざりものや糠も昔ほどではありませんから、ゴシゴシと米粒を破壊せんばかりに研ぐ必要はありませんが、途中で研ぐ手を止めないこと。

「お米を研いでいるときは、玄関からピンポンと聞こえても、電話がリンリン鳴っても出ない」が鈴木家の家訓です。研ぎ終わりましたら、一旦お米をざるに上げて水気をよく切り、お鍋に入れて水加減をし、1時間ほどおきます。こうして水を十分にお米に吸わせることで、ふっくらとしたおいしいご飯に仕上がります。

「お米は、食事の支度を始める1時間前に研ぐ」を習慣にしましょう。もちろん、朝ご飯用には、前の晩に浸水まですませて寝かせておけばよろしいの。お台所に入ってすぐ火にかければ、おみそ汁を作っている間に炊き上がります。

また、炊き込みご飯にする場合は、1時間浸水させたあと、お水をお玉などですくい出し、すくい出した回数分、おだしを加えます。お水とおだしを入れ替えるわけですが、具材から出る水分や調味料も考慮して、気持ち少なめでよいでしょう。ばぁばのお料理教室では、根菜がおいしくなる秋の献立に、さといもやごぼうなどを炊き込んだ「吹き寄せご飯」（作り方は33ページ）を加えています。いりこを加えるとさらに味に深みが出ます。ぜひお試しを。

また、急ごしらえのときやお酒のしめにも喜ばれるのが「まぜまぜご飯」（作り方は32ページ）。炊きたてのご飯にたたき梅、もみのり、ごま、ちりめんじゃこなどを混ぜ込むだけなのですが、これがとってもおいしいのです。おむすびにもぴったりですよ。

炊き込みご飯やまぜご飯は、ご飯が炊き上がったらすぐに飯台にあけ、飯台を回しながら具材とさっくり混ぜてください。くれぐれも練らないことですよ。

炊き込みご飯の具材はひと口大に

炊き込みご飯は、大きく口を開けなくても、ご飯とすべての具材が渾然一体となって口に入るのが望ましい。ひと口大に切り揃えれば、火の通りも均一になり、できあがりの見た目も美しい。

空腹を凌ぐ「おしのぎ」

本来は会席料理の中程で出される料理で、空腹を凌ぐところからついた「おしのぎ」。腹持ちのいいご飯もの、うどん、そばなどを少量いただくこと。ご家庭ではお酒のあとやお客さまに。お茶漬けや小ぶりのおむすび、混ぜご飯、雑炊などを。

白飯の炊き方

（料理10ページ）

※4人分

❶ 米と水を用意する

文化鍋や厚手の鍋に米3カップと、水をたっぷり汲んだ中サイズのボウルを用意する。

❷ 水を一気に注ぎ、糠などを除く

ボウルの水を一気に鍋に注ぎ入れ、大きく混ぜて水を捨てる。〝一気に〟が肝要。

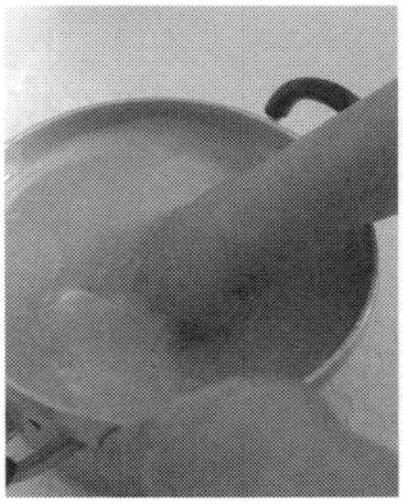

❸ 米はワルツのテンポで研ぐ

指を立て1、2、3の「3」で、クッと留める。これを1回とし〝3回研ぐ→すすぐ〟を水が透き通るまで繰り返す。

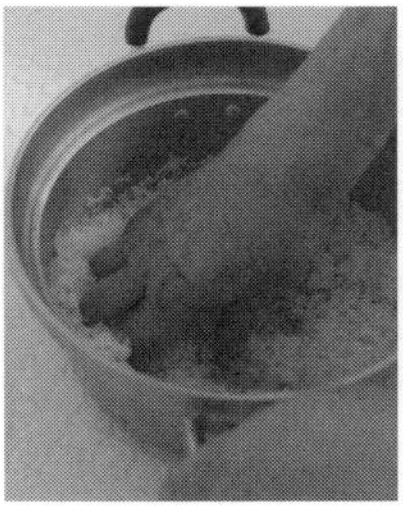

Point
お米は手を止めずに素早く研ぐこと。

❹ 水を正確に計って入れる

すすぎが終わったら水を捨て、米3カップに対して水3カップ強を計り入れる（水は1～2割増し）。新米の場合は米と水は同量。約1時間置いて浸水させる。

❺ 浸水後、強火にかける

直火で、強火にかける。5分ほどして鍋がカタカタと鳴り、ブクブク泡が立ってきたら、30秒ほどそのまま炊いて極弱火にし、13～14分炊く。一瞬強火にして火を止め、9～10分蒸らす。

❻ しゃもじで底から返すように

水にぬらした木じゃくしを鍋の縁から差し入れ、ご飯を底から上に返すようにして軽く混ぜる。

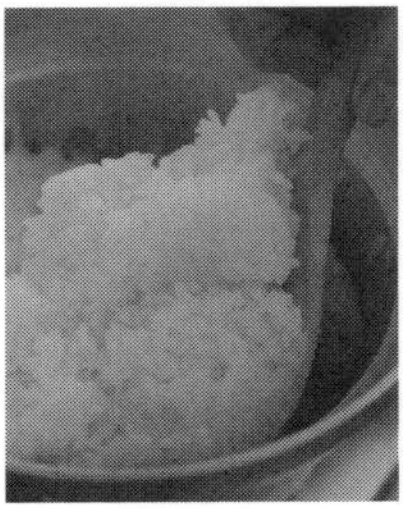

Point
鍋によっては耳をすますとパチパチと音がするのが炊き上がり合図。表面に小さな凹み、〝蟹の穴〟がいくつも空いていたらおいしく炊けた証拠。

手軽においしいまぜご飯
滋味たっぷりの炊き込みご飯

「まぜまぜご飯」は、いわゆる〝ご飯のおとも〟を炊きたてご飯と混ぜるだけ。シンプルなのにどなたにも喜ばれるばぁばの定番です。また、炊き込んだ「吹き寄せご飯」は、数種の野菜を木の葉などに見立てたもの。おだしとともに〝旬〟を楽しみます。

まぜご飯メニュー

●ばぁばのまぜまぜご飯　＊4人分

❶炊きたてのご飯（2カップ分）を飯台（ボウルでも）にあけてしゃもじでほぐす。種を除いて包丁でたたいた梅干し（大1個分）を加える。

❷もみのり（全形1枚分）、白ごま（大さじ5）、ちりめんじゃこ（50g）を加え、飯台を回しながらさっくりと混ぜる。

❸器にふんわりと盛って、木の芽などをあしらう。

Point
ご飯によく合う万能選手のおじゃこは、鈴木家の常備品。

炊き込みご飯メニュー

● 吹き寄せご飯

（料理12ページ）＊4人分

❶ にんじん（3cm長さの拍子木切り）50g、酢水にさらしたささがきごぼう50g、下ゆでこんにゃく（短冊切り）1/3枚、ぬめりを除いたさといも（亀甲型5mm幅）中3個、しいたけ（薄切り）3枚を用意。

❷ 米3カップは炊く1時間以上前に研ぎ、水3カップを加え浸水させる。浸水後、お玉で水を2～3回すくい出し、すくい出した回数分の煮干しだしを加える。

Point お米の水を減らした分、同量のおだしを加えますよ。

❸ 酒・しょうゆ各大さじ3、塩小さじ2/3、砂糖小さじ1を順に入れてひと混ぜする。

❹ ①の具材を米に混ぜ、蓋をして強火で6分、弱火で13～14分炊く。湯気が立ったら一瞬強火にし、火を止め10分蒸らす。

❺ 炊きあがったら、飯台にあけ、大きく混ぜながら粗熱を取る。飾りに葉型に抜いて薄だしで煮たにんじん・ごぼうと、薄焼き卵を散らす。

● ごちそう鯛めし

（料理13ページ）＊4人分

❶鯛の切り身3切れは、酒・しょうゆ各大さじ1をふって軽くなじませる。鯛のあら適量は、だし昆布と一緒にゆでてだしを取り、身とだしに分ける。身には氷水をかけて締め、骨から外しておく（57ページの魚のあらの処理参照）。❷米3カップは「吹き寄せご飯」と同様に水と❶のだしを入れ替えておく。鍋を火にかけて、蓋がカタカタ鳴ったら、鯛のあらの身と切り身をつけ汁ごと入れて弱火で13～14分炊き、火を止めて10分蒸らす。❸飯台などにあけてふんわりと混ぜて器に盛り、ゆでて小口切りにした好みの青菜や薬味を散らす。

お酒のあとのおしのぎにぴったりご飯

お酒とお料理を楽しんだあと、ちょっとほしくなるのがご飯もの。酒肴はどうしても、ピリッと辛いものや脂っこいものになりがちですから、しめには口にさっぱりと胃にやさしいものを、小ぶりの器に盛ってお出しします。

小さなご飯メニュー　＊すべて2人分

●梅干しご飯

❶梅干し1個は種を除き、包丁で細かくたたく。クレソン適量は葉先を摘む（青じその千切りやあさつきの小口切りでもよい）。

❷ご飯に梅干しとクレソンを加え、ふんわり混ぜて器に盛る。

Point
梅は細かくたたいてなめらかに。

●焼きわかめご飯

❶焼網を熱して板わかめ10cm角1枚をのせ、やや強火で茎がふっくらするまで焼く。紙の上でもんで食べやすい大きさにする。

❷ご飯にわかめを加えて混ぜ、器に盛る。

●松の実しそご飯

❶青じそ5枚は縦半分に切り、くるくると巻いて千切りにする。氷水に放してアクを抜き、水気を絞る。

❷ご飯に塩少量を混ぜて、青じそと松の実大さじ1を加え、全体をふんわりと混ぜる。

❸松の実が目立つように器に盛る。

第2章
料理の下ごしらえ

下ごしらえ

料理は段取りがすべて。下ごしらえ＝段取りと覚えてください

「鈴木先生のお料理をぜひ作りたいのですが、時間もないし手間もかけられません。上手な時短、あるいは手抜きのコツはありますか？」

時折、こんな質問をされることがあります。そしてばぁばは、こう答えます。

「急がば〝段取り〟ですよ。いかに手を抜くかを考える前に、段取りをよくして効率的に動くことをお考えなさい。それがいちばんの時短よ」

そもそも、手を抜くのに上手も下手もありません。基本的な手のかけ方も知らないのに、どうやって手を抜くというのでしょうか。これは料理に限ったことではなく、基礎をしっかりと頭と体で覚えていれば、おのずと手際よい仕事の段取りがわかろうというもの。その積み重ねが〝知恵〟となり、無駄な時間を省くこともできるようになるのです。

たとえば、葉ものをゆでるときに、まず水洗いをし、それから鍋に水を入れてコンロにかける人と、水を入れた鍋を火にかけてから葉ものを洗う人。どちらが効率がよいかは考えるまでもありません。このとき、鍋底をさっと拭いてから火にかけるのも〝知恵〟です。

また、こんな段取りもあります。

その昔、わが家には住み込みの助手さんがおりました。そのころは朝食にベイクドポテトを添えるのが〝マイブーム〟で、これを用意するのは彼女たちの役目でした。じゃがいもを洗い、十文字に切り込みを入れて丸ごとラップに包んで電子レンジで6〜7分加熱するだけと、準備も作るのもとても簡単。熱々にバターをのせていただきます。

さて、このベイクドポテト。助手さんたちがどう準備するかといいますと、朝起きてからベランダに置いてあるじゃがいもを取りに行き、たわしで洗い始めるわけです。その姿に、ばぁばは思うのです。「前の晩にせめて洗うところまですませておいたらよいのに」と。ついでに、その手でざるに上げておけば水もよく切れますわね。いっそのことラップに包むところまでやっておけたら、さらに上等。忙しい朝、そのひと手間で得した10分がもつ意味は大きいはずです。

あるいは、あらかじめ外出することが決まっている日は、その前に段取りを考えて、下ごしらえをし、肉や魚には下味をつけておきます。帰宅したら、火を通すだけ、あるいは盛りつけをすればよいだけですから、バタバタ慌てずにすむのです。お米も研いで浸水させておけば、台所に立って30分から1時間後には、炊きたてのご飯とともに夕食が整うはずです。すべてのお料理が、もっともおいしい状態で食卓に並ぶ姿を頭の中で描く。そのために数字にはできないプロセスを計算できることが「段取りがよい」ということになるのでしょう。段取りよく作られたお料理は、シャキッと味もよいのです。

ばぁば、ある日の「段取り」

献立＝さんまの塩焼き、豚汁、ほうれん草のごまよごし、白飯

前夜か朝　米を研ぐ。

〜〈帰宅〉〜

18:00大鍋にたっぷりの湯を沸かす。
18:10湯が沸いたらごく弱火に落とす（以後、この湯をだし、下ゆでに使用）。だしを取る。
18:15豚汁用の根菜の皮をむき水に放す。こんにゃくはゆでこぼす。
18:25米を火にかける。さんまは下処理し、酒をふり冷蔵庫へ。
18:35ほうれん草をゆで、しょうゆ洗いし、ひと口大に。ごまをすって調味し、ほうれん草と和え、器に盛り冷蔵庫へ。同時に豚汁の準備。豚肉を炒めて、だし、根菜、こんにゃくを入れ煮る。アクを取りながら、青ねぎを小口切り。大根をおろす。
18:50ご飯が炊き上がり、蒸らしている間にさんまを焼く。
19:00豚汁にみそを加えて火を切る。完成。

まずは献立を考える習慣をつけましょう

段取りよくお料理を作るためにいちばん重要かつ不可欠なのが、お献立の組み立てです。和食の基本は一汁三菜、もしくは一汁二菜。旬の魚介や野菜を取り入れ、栄養のバランスを考えながら、主菜、副菜、汁椀をひとつの〝お膳〟としてデザインするのです。たとえば、秋ならさんま。これはもう大根おろしをたっぷり添えて、塩焼きで決まりですね。これにさといもやごぼうといった秋野菜を使った具だくさんの豚汁はどうかしら。お口直しにれんこんの甘酢漬け、あるいはほうれん草のごまよごし。一汁二菜の完成です。

さあ、お献立が決まったらお買いものに出陣です。作るものが決まっていますから、スーパーマーケットに行ってもウロウロさまようことも、無駄買いすることもなくなります。お買い物をすませたら、さっそくお台所でお夕食の支度に取りかかりましょう……と、その前に。お台所にお布巾は十分用意してありますか？

ばぁばのお台所には、娘たちに〝お布巾大尽〟と笑われるほど、つねに大量のお布巾がセットされています。お手拭き用、器用、まな板や包丁を拭くぬれ布巾など用途別に何枚もカゴに入れておき、惜しみなく使うのです。とくにまな板や包丁は、使うたびに洗っていたのでは、お料理もお台所もびちゃびちゃになりますし、味もゆるい締まりのないものに。そして何よりお料理に集中できません。ぬれ布巾でさっと拭く習慣を。

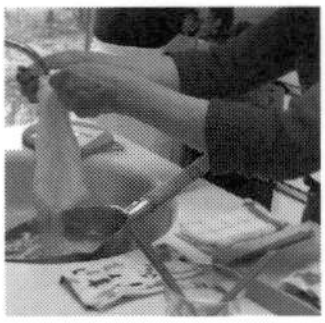

まな板はつねに水気を拭いて。布巾は大量に

ばぁばの台所では、清潔な布巾やさらし、ガーゼの布をたくさん用意。まな板はしょっちゅう布巾で水気を拭き取っている。さらしやガーゼは、天ぷら粉をつけたり、野菜を絞ったり。水道の蛇口に取りつけて、水の勢いを調整するのにも使用。布巾類は洗えば何度でも使えるので環境にもやさしい。

お料理はお化粧と一緒。下ごしらえはしっかり、味つけはほんのりと

野菜は水に放してアクや雑味を抜いておく、あるいはかぼちゃなど煮ものに使う根菜は煮崩れを防ぐために面取りをしておく。魚には隠し包丁を入れてひと塩しておき、お肉は焼く前に筋切りをしておく……。煮炊きの前に、材料にこのような手をかけておくことを「下ごしらえ」といいます。

ばぁばのお料理レシピの内容は、その大部分が下ごしらえに費やされています。火にかけてからは、案外あっという間。じっくり煮込むお料理もありますが、こちらは時間が仕上げてくれますから、かえってガチャガチャいじってはダメだったりもします。

下ごしらえを「手間」と読む方もいらっしゃるようですが、お料理はね、下ごしらえあってこそなの。下ごしらえの手を抜いて、どうやって〝料理〟と呼べるものを作ろうというのかしら。そちらのほうがよほど難しいと、ばぁばは思うのですが。

そして、下ごしらえにも「優先順位をつける」段取りが必須です。さんまの塩焼きは焼きたてをいただかなかったら意味がありません。れんこんの甘酢漬けは甘酢がれんこんになじむ時間が必要ですし、ほうれん草のごまよごしならキンと冷やしてから出したいもの。豚汁に入るこんにゃくは、ゆでこぼすひと手間が必要です。

さて、あなたならどう段取りますか？

野菜の下ごしらえ

えぐみや苦みは旬の証し。塩梅のよいアク抜きを

何十年とその時季の魚介やお野菜をお料理してきましたが、お野菜の味がずいぶん変わってきたことを季節がめぐるたびに実感しています。品種改良が進み、ハウス栽培などの技術や肥料も進化したのでしょう。硬かった皮はやわらかくなり、そのままでは食べられなかったえぐみや苦みも、最近ではほとんど気にならない程度に和らいでいます。

たとえばきゅうり。昔はゴリゴリと硬くて、とげがツンツンと刺さるほどあってたいへん苦かったのです。ですからまず、生《な》り口《くち》（へたの部分）とお尻を落として切り口をこすりアクを抜き、さらに板ずりでトゲトゲを取り、イボイボも包丁で削いで青臭さを取ったりしたのです。しかし、昨今出回っているきゅうりはトゲもおとなしく、苦みもほとんどありません。塩もみ程度ですぐにいただけますが、さらにおいしくいただくなら、覚えておいていただきたい下ごしらえがあります。

それは「立て塩」。海水と同じくらいの濃度（3％）の塩水に薄切りにした野菜を浸すものです。水1カップに対して塩小さじ1強が目安です。きゅうりをはじめ、キャベツ、

歯ごたえを残す。しんなりと味わう。野菜の繊維の切り方

歯ごたえを楽しみたい場合は、野菜を繊維に沿って切り（基本は根から茎、葉に向かう縦に繊維が走る）、逆に

やわらかい食感を楽しむときは繊維に直角に切る。大根の千切りでシャキシャキ感を出す場合、大根は縦に繊維が入っているので、縦に沿って千切りを。薄く輪切りにしてから千切りにしがちだが繊維をこわすので注意。

野菜同士は形を切り揃えるとおいしい

野菜はできるだけ同じ大きさに切り揃えておくと、味のしみ込みが均一になったり、口当たりがよくなったりする。また見た目も美しくおいしく感じる。日本料理では、「寸切り」といって野菜を1寸（約3㎝）に切り揃えるのが、食べやすい大きさと言われている。

にんじんなど幅広く応用できます。立て塩をしますと、しんなりとしているのに歯ざわりがよく、ほんのりと塩味が効いてとても良好。20分ほど立て塩をしてざるに上げ、さらしやガーゼなどに包み、ねじりながらきつく水気を絞ります。最後にまな板にトン！と軽く打ちつけてから開きますと、はらりとよい具合にほぐれます。とくにお酢との相性は抜群ですから、酢のものにする際は立て塩、と覚えてください。

野菜はすべからく水に放して水分補給。煮ものは必ず下ゆでを

オクラも最近ではトゲがうぶ毛のようにふわりとしてきましたが、手にお塩をのせ、網目の袋の上からでかまいませんから、両掌《てのひら》でオクラを擦り合わせてトゲを取ります。和えものなどに使う際は塩ゆでしますが、生り口を切ってはいけませんよ。オクラの中に水が入って、オクラがお蔵入りになりますからね（笑）。ガクを包丁でくるりとむくだけにとどめます。

スーパーで購入するお野菜はすべからく、調理前に水を張った洗い桶やボウルに放ち、水分補給をさせることが肝要です。収穫、袋詰め、出荷と輸送を経て、店頭に並ぶころにはすっかり乾燥していると思ってよいの。とくに葉ものは、買ってきたらすぐに根の部分を水に浸けておいてごらんなさい。5分もしたら葉が青々と開いて、パリッとしますよ。ただし、じゃがいもやさつまいもなどのいも類は、皮をむき、切り揃えてから水に放し

下ごしらえ時の「塩」

左ページの立て塩や、野菜の塩ゆでなど、下ごしらえでも欠かせない塩。海水と同じ3%の濃度が目安。りんごの色止めやパスタをゆでる水も塩水を使うが、こちらは水の量に対して1%程度の塩を加えたものを。

普段の肉じゃがは「直煮」で

肉じゃがで使うじゃがいもはでんぷん質はあるが、アクが強くないので、普段のおかずなら下ゆでする必要はない。ただし、煮込み中のアク引きは丁寧に。

ます。切り口からにじみ出るでんぷんを除くためです。なすも、切ったらすぐに水に放してアク止めをしますが、炒めものや揚げものなど油を使ったお料理に使う場合は、水にあててはいけません。油がはねて大変なことになりますからね。切り口同士を合わせ、固く絞った布巾などで皮を拭き、手早く調理してください。うど、ごぼう、れんこんなど変色しやすいものは、切る端から酢を1〜2滴落とした水に放します。これを「色止め」と呼びます。3分ほど浸け、必ず真水で洗います。ゆでる際も酢をほんの少し入れることで、変色を抑え、味にもキレが出ます。

ところで、煮ものを作るとき、お野菜を切ったらそのまま鍋に直行させていませんか？「直煮《じかに》」といって、素朴な味わいを是とする考え方もありますが、ばぁばはちょっと残念に思います。下ゆでをしてアクを抜くひと手間を加えてごらんなさい。野菜それぞれの持ち味が引き立ち、洗練されたごちそうになりますから。お総菜としてなら直煮でもいいですが、きちんと下ゆでをして作った煮ものは見違えるように品良く仕上がります。濁りのない煮汁を見ればおわかりいただけるかと思います。それこそが、どんなにお高いブランド野菜や調味料を使っても補えない〝手仕事の妙〟なのですよ。

大根やさといも、ごぼうといったアクやクセのある根菜は、必ず下ゆでやゆでこぼしをしてくださいね。たけのこをゆでるときと同様、米ぬかあるいは米のとぎ汁を使いますと、いっそうすっきりと、お味のなじみもよくなります。

覚えておきたい、何かと役立つ「立て塩」

立て塩とは、海水と同じ濃度の塩水のこと

立て塩は水カップ1に対して塩小さじ1強の海水と同じ3％濃度の塩水です。魚介の下洗いや貝の砂抜き、塩味をむらなくやわらかくつけるとき、クセを取るときなど下準備に頻繁に登場します。きゅうりやゴーヤなどの野菜では、立て塩に浸すと、しんなりしているのに歯ざわりがよく、ほんのりした塩気でシンプルにいただけます。かさも減るので野菜をたくさん食べられます。お酢との相性もよく、酢のもので重要な下ごしらえです。

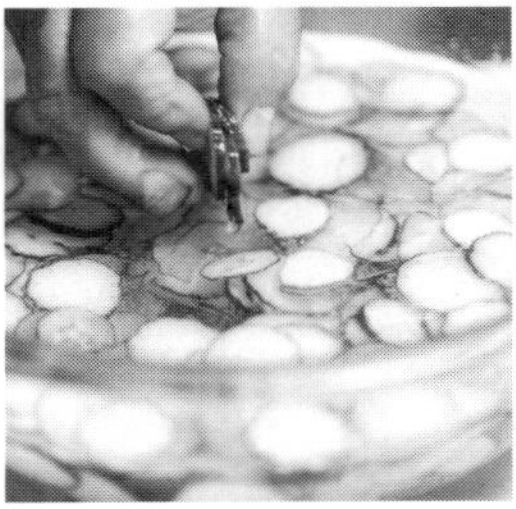

❶野菜を立て塩に、しんなりするまでつける。

❷きつく水気を絞る。ガーゼに包んでねじりながら絞ると苦労なく絞れる。

Point
ばあばは、仏さまに掌を合わせるように、〝拝み絞り〜〟と念じながら絞ります。

立て塩を使ったメニュー

●うざく（料理69ページ）

＊4人分

❶小口切りしたきゅうり2本を立て塩につけ、しんなりさせてきつく絞っておく。❷うなぎの蒲焼き½串は軽く蒸すかオーブンで焼いてふっくらとさせ、食べやすく切る。❸ボウルにうなぎ、きゅうりと合わせ酢（酢・だし汁各大さじ2、砂糖・薄口しょうゆ各小さじ1）大さじ3を入れて混ぜ、器に盛る。白髪ねぎやごまなど好みの薬味をかける。

今さら聞けない野菜類の下ごしらえ

日本料理の基本は、季節ごとのお野菜や魚を生かすことにあります。できるだけ地産地消を心がけ、地元でとれた食材を買うようにしましょう。最近の野菜はアクが少なく食べやすくなったとも言われますが、旬の地場野菜はみずみずしく栄養満点。アクが強い場合は下ごしらえが必要です。また、台所に届くまでに乾燥が進み、ぐったりしていることも。水に放して元気にしましょう。

野菜の下ごしらえ表

●水にさらす

いも類やなすなどの野菜はアクが強く、空気に触れると変色しやすい。水にさらすひと手間で、見た目も美しくおいしくなる。

かぶ・大根・いも類

皮をむいて使う根菜は、買ってきたらまず丸のまま水にさらして水分補給。料理の前に厚めに皮をむいて再度水に放す。油料理をするときは軽く布巾で拭いて、水はねを防ぐ。

かぶは厚めに皮をむいて水に放つ。

みょうが・玉ねぎ

みょうが、玉ねぎは薄切りにしてボウルの水にしばらくさらし、ガーゼやキッチンペーパーで包んで絞る。氷水に浸けるとさらにパリッとする。

みょうがは氷水にさらすとよい。

なす・ごぼう

変色しやすいなすは、切ったらすぐ水にさらし、浮きやすいので落とし蓋を。油料理をするときは軽く布巾で拭く。ごぼうは、きんぴらなど色止めの必要がないときは水に2〜3分さらす。

知っておきたい 昔ながらの野菜の知恵

〈新じゃがの皮むき〉 皮が薄いので、むき取らず包丁の刃を立ててこそげ取るのがおすすめ。水っぽいので、味は濃いめに仕上げて。

〈ふきの皮むき〉 ゆでたふきの端っこの皮を少しむいておき、まとめてすっと引っ張ると簡単に皮がむける。

〈きゅうりの皮むき〉 きゅうりの先端には苦い成分があり、生でも煮ても苦いままなので、両端を切り落とし、さらに端の皮をむくとおいしい。

〈れんこんの皮むき〉 れんこんは、皮を厚めにむいたほうがおいしい。

〈焼きなすの皮むき〉 焼きなすは、お尻のほうから皮をむくときれいにむける。

〈生き返る！　泥つきほうれん草〉 根元を20分ほど水に浸すと、シャキッとなる。

〈三つ葉のゆで時間〉 三つ葉はゆですぎ禁物。根元4秒、葉先は2秒ゆでるだけで。

〈わけぎのぬめり取り〉 下ゆでしたわけぎを、まな板の上で根元から葉先に向けて包丁でやさしくしごくとぬめりが取れる。

〈捨てない！　なすのへた〉 なすを煮るときはへたのまま煮ると色よく仕上がる。煮汁につけたまま冷やしておくと、色が戻ってくる。

〈捨てない！　大根の皮〉 大根の皮は、ざるの上に平らに広げて外に出し、2時間ほど日に当てて干し、きんぴらなどに。

●酢水にさらす

アクの強い野菜の切り口の変色を防ぎ、色を白く保つ働きがある。水1カップに対して酢小さじ1が目安。

ごぼう・れんこん

酢水を用意し、切ったそばからさらしていく。5～10分浸して水洗いし、ざるに取り水気を切る。浸しすぎるとうまみも抜けてしまうので注意。うど、山芋も同様の手順で3～4分酢水に。

ごぼうは酢水に5～10分を目安に。

●塩ゆでする

緑黄色野菜は、塩を加えた湯で数十秒から1分ほどゆでることで、青々とした色をキープできる。水1ℓに対し塩大さじ1が目安。

ブロッコリー・ふき

ブロッコリーは小房に分け、ふきは筋を引く。塩を加えた熱湯で好みの硬さにゆでる。ざるに上げ粗熱を飛ばす。冷凍庫に3～4分ほど入れると、野菜が締まり緑鮮やかに。グリーンアスパラガスも同様。

いんげん・グリーンピース

いんげん、さやつきグリンピースは、へたとさやの筋を引く。塩を加えた熱湯で好みの硬さにゆでる。ざるに上げ粗熱を飛ばす。冷凍庫に3～4分ほど入れると色鮮やかに。グリンピースの豆だけをゆでる場合は、塩をまぶしてから熱湯でゆでる。

ほうれん草・小松菜・菜の花

葉もの野菜は根を切り、根元に十字に切り込みを入れておく。湯温の低下を防ぐため、1把ではなく2～3株ずつ塩を加えた熱湯に根元から入れる。ひと呼吸おいたら返して葉も入れ、手早くゆで、次のひと呼吸で冷水に取る。手早く水を替え、絞る。

❶ほうれん草は根元から。

❷すぐ冷水に放ち、しっかり絞る。

野菜の下ごしらえ表

●塩もみする

塩をしてもむことで、辛みを和らげたり、余分な水分を抜き、しんなりとさせる効果がある。

オクラ

オクラはさっと洗い、やや多めの塩をふってこするようにもみ、毛羽を取る。そのあと、沸騰した湯で1～2分ゆでて冷水に取ると色が鮮やかになる。

枝豆

枝豆は枝から切り離し、塩をふりかけよくもみ込み、緑を引き立てる。沸騰した湯に塩（湯に対し3～4％）を入れ、枝豆を3～5分ゆでる。ざるに上げ冷ます。

ねぎ・玉ねぎ

ねぎ・玉ねぎの辛みが強いときは、スライスまたはみじん切りにして軽く塩をふり、布巾などに包んでぬめりが出るまでもむ。その後流水の下でよくもみ洗いして固く絞る。辛みが弱い場合は、水にさらすだけでも。

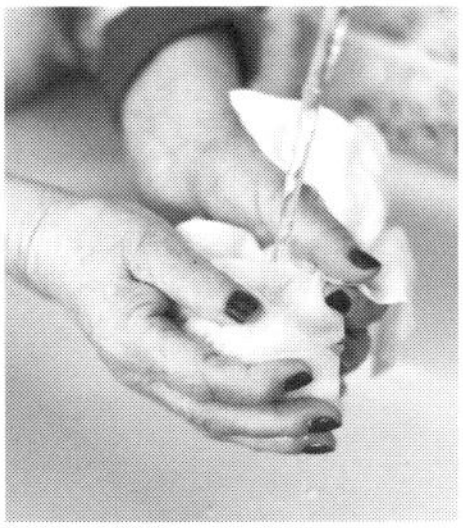

❶ねぎを布巾に包んでもみ洗い。

❷カールした〝白髪ねぎ〟が完成。

●下ゆでする

調理前にひとゆでするると、えぐみが和らぎ、だしなどの調味料もしみ込みやすくなる。

たけのこ

たけのこは、外側の皮をむき、穂先を斜めに切り落とす。根元の硬い部分を包丁で削り、縦に1本切り込みを入れる。鍋にたっぷりの水とたけのこを入れ、米ぬか1カップ、赤唐辛子1本を入れて強火にかけ、沸騰したら落とし蓋をして火加減し、約40分間竹串がスッと通るまでゆでる。ゆで汁に浸けたままひと晩おく（湯止め）と、たけのこのえぐみが和らぐ。水で洗って皮をむき、根元を割り箸でこすってきれいにする。

おいしさを保つ野菜の保存

〈葉もの類〉 ラップに包んで冷蔵庫に入れるとクタクタになってしまいがち。濡れ新聞紙（キッチンペーパーでも）に包んで、さらに乾いた新聞紙で包んで涼しいところに置いたほうが日持ちする。

〈じゃがいも、さつまいも、玉ねぎ〉 暗いところで保存を。冷蔵庫に入れると味が落ちる。

〈たけのこの保存〉 ゆでたたけのこは空気にさらさないよう水に浸け、ときどき水を替える。

〈プチトマト〉 水に浸けたまま冷蔵庫へ。

大根

皮をむいて輪切りにした大根をたっぷりの米のとぎ汁に入れて水からゆでる。ゆで時間は、竹串を刺してやや芯が残る程度に。そのあと水にさらす。大根の苦みやアクが取り除かれ、淡泊なうまみが引き出される。

❶中まで火が通りやすいよう包丁を入れて下準備。

❷下ゆで後、さらに皮をむいてから本調理。

●その他

ほんのひと手間で、野菜や果物などの扱いがグンとラクになる賢い下ごしらえ法がまだまだある。同じ野菜でも、食べ方によって下ごしらえも変えて。

マッシュルーム・アボカド

マッシュルームの変色を防ぐには、レモン汁をたっぷりかけておくこと。果物のアボカドも同様に。ちなみにきのこ類は、石突き（軸の根元の硬い部分）だけを切り落とし、軸部分も食べられる。

きゅうり・なす

昔ながらのトゲトゲが強いきゅうりは、塩をして、まな板の上でスリスリと掌で転がして（板ずり）青臭さを取る。なすは、油はねが気になる場合、手早く切ったら切り口を合わせて空気に触れるのを防止。

ぎんなん

薄皮が取れないときは、沸騰したごく少量の湯の中に殻を割ったぎんなんを入れ、玉じゃくしの背でぎんなんをなでるように回すと簡単にむける。色落ちを防ぐため、すぐ冷水にとること。

少量の湯の中でなで回す。

トマト

薄皮をむくにはフォークに刺して直火にあてるか、十文字の切り込みを入れてへたを下にし、ラップなしで電子レンジ約1分加熱。冷水に取り皮をむく。プチトマトは熱湯に3〜4秒くぐらせ皮をむく。

おさらい「切り方の名称」

日本料理に登場する野菜の切り方を知っておきましょう。コトコト煮込むなら大きめで、さっと炒めるなら薄めで……と、目的に合わせることが大切です。「切れ味がいい」とは、食材のことではなく、庖丁がよく切れて切れ味がよくなることです。

輪切り

大根、にんじんなど丸いものを輪のまま切り分ける切り方。端から一定の幅で切る。

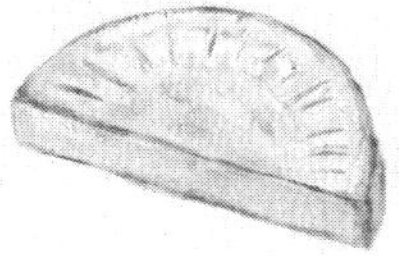

半月切り

輪切りを半分に切る方法。まず縦に切ってから一定の幅で切る。輪切りでは大きすぎるときに。

いちょう切り

半月切りをさらに半分にする切り方。縦4つに切ってから一定の幅で切っていく。

色紙切り

色紙のように正方形に切ること。野菜の丸みを切り落として四角柱にし、横にして薄切りにする。

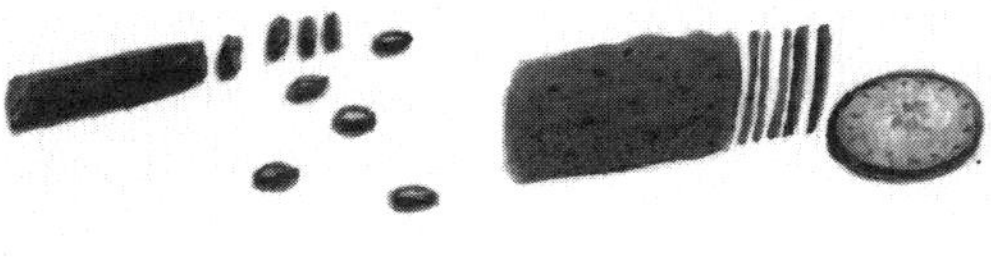

小口切り

きゅうりやねぎ、オクラなどの細長いものを端からごく薄く切る切り方を小口切りという。きゅうりは包丁を斜めに入れると安定する。

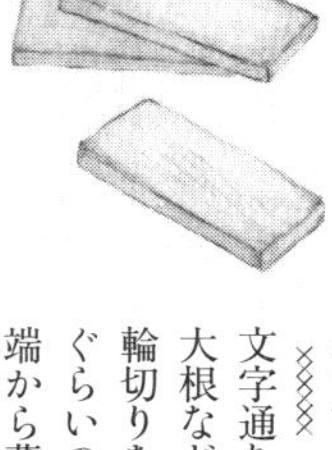

短冊切り

文字通り短冊形の切り方。大根など4～5㎝長さの輪切りを縦にし、1㎝ぐらいの厚さに切り、端から薄く切っていく。

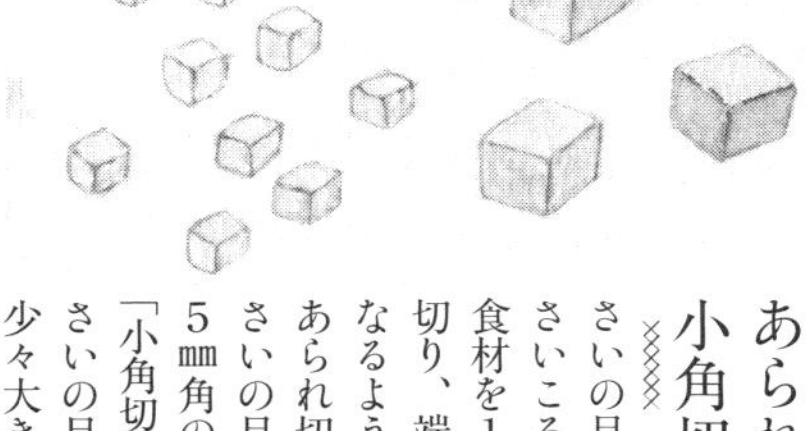

さいの目切り・あられ切り・小角切り

さいの目切りはさいころ形に切る方法。食材を1㎝角の棒状に切り、端から立方体になるように切っていく。あられ切りは、さいの目切りを小さくした5㎜角の切り方。「小角切り」はさいの目切りより少々大きいもの。

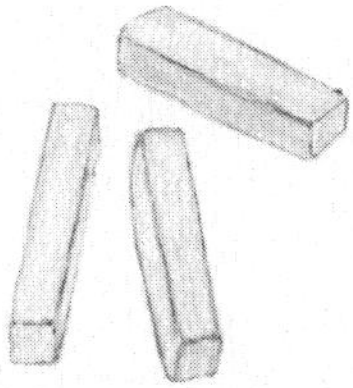

拍子木切り

色紙切りと同様の四角柱を作り、5㎜～1㎝の厚さに縦切りし、繊維に沿って棒状に切る。

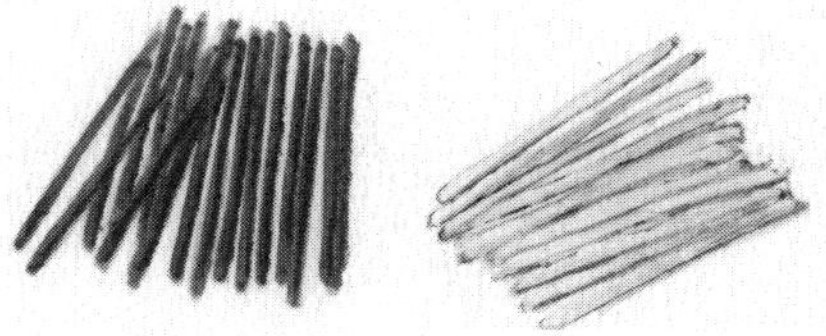

細切り・千切り

棒状に細長く切ること。大根などは4～5㎝長さの筒状にしてから縦に薄く切り、これを重ねて端から繊維に沿って細く切る。または筒の外側を帯状にぐるりと薄く切ってから（かつらむき）、細切りしても。きんぴらなど食感を残したいときは3～5㎜幅の細切りに。サラダなど生で食べるものはさらに細い1～2㎜幅の千切りにすると食べやすくなる。

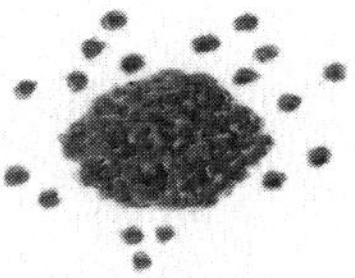

みじん切り

玉ねぎやにんじんなど細かく刻むこと。千切りにした食材を揃えて端から細かく切る。ねぎは縦に（玉ねぎは縦と、まな板と水平に）数本切り目を入れてから刻む。

ささがき

ごぼうやにんじんなどを回しながら薄く削っていく方法。笹の葉の形に似ているため、このように呼ばれている。太いものは縦に数本切り込みを入れておく。

乱切り

にんじんやごぼうなど長い食材を回しながら斜めに切る。形は不規則でも大きさはひと口大に揃える。

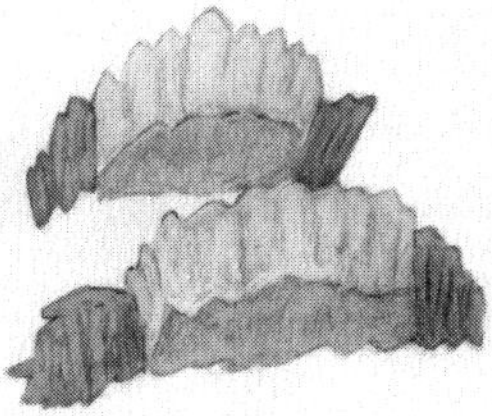

ざく切り

キャベツや白菜、小松菜などの葉野菜を3～5㎝幅にざくざくと切る切り方。根元があるものは切り落としてからざく切りに。

そぎ切り

白菜やしいたけなどの厚みのある部分に、包丁を斜めに入れてそぐように切る。包丁の角度でそぎ切りの面の大きさを調整する。

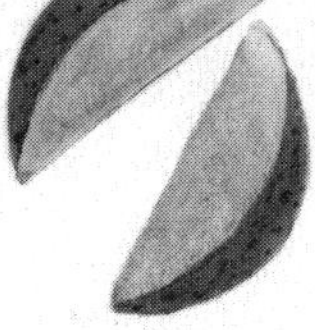

くし形切り

じゃがいも、玉ねぎ、りんごなど丸い形の食材を放線状に4つ、6つ、8つなど等分にくし形に切っていく。

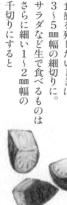

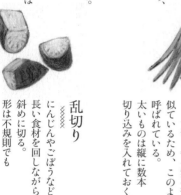

鹿の子包丁は、材料に格子状に包丁目を入れ、味の含みもよくなる飾り包丁のひとつ。

隠して飾る「包丁わざ」

ほんのひと手間でおいしくなったり、食卓を華やかにしたり。隠し包丁は味がしみやすくなりますし、面取りは煮崩れを防ぐ効果があります。飾り切りはアクセサリーなので、やり過ぎずポイントを絞ってセンスよく使いましょう。

火の通りや味がしみやすくなる【隠し包丁】

食材の見えない部分に包丁目を入れること。忍び包丁とも言う。大根やさつまいもなどは裏に厚さの半分ぐらいまで十文字の切り込みを入れてから煮る。

煮崩れを防ぐ【面取り】

大根やかぼちゃ、じゃがいもなどを煮る際に、切り口の角をそいで丸くしておくこと。形崩れを防ぎ、味がしみやすくなる。

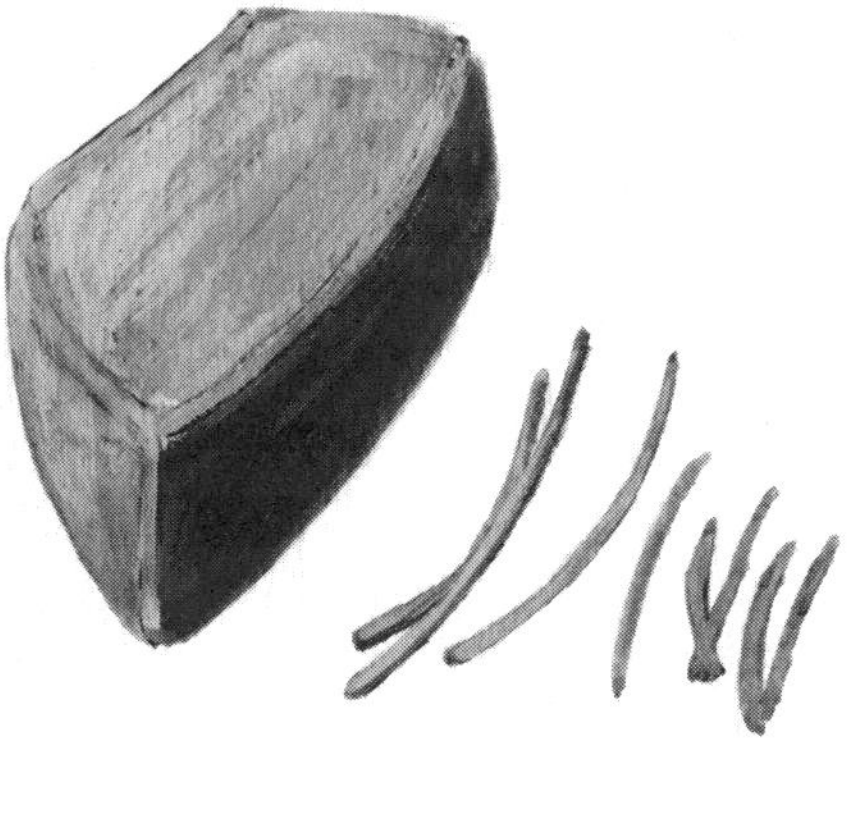

食卓を彩る
【飾り包丁】

おてくぼ

刺身の薬味などをのせるときなどに使うもので、ラディッシュやにんじんの薄い輪切りを氷水に浸けて反らせる。

蛇の目きゅうり

きゅうりの芯を芯抜きか菜箸などでくりぬいて小口切りにしたもの。または、小口切りにして型抜きで芯を抜く。にんじんでも応用できる。

花しいたけ

花のように笠に切り込みを入れる飾り切り。見た目もよく、味もしみこみやすくなるので煮込みやお鍋に重宝。

ねじり梅

輪切りにしたにんじんを梅型で抜き、花びらの境目から中央に向かって切り込みを入れ、花びらが浮き出るように傾斜をつけて外側をそぎ切りにする。

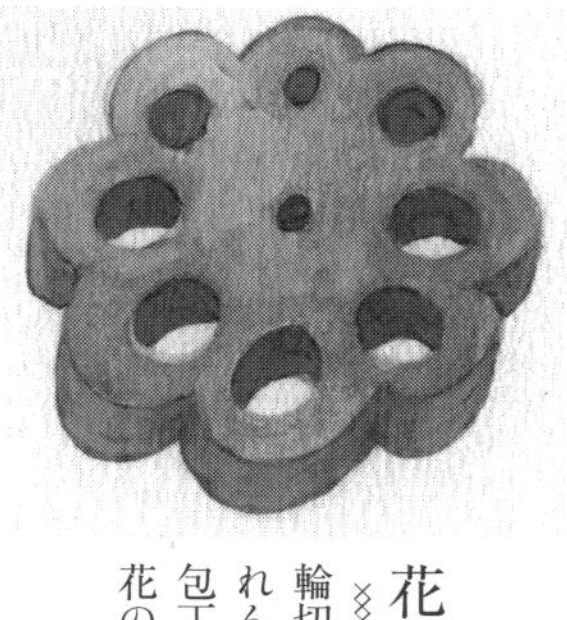

花れんこん

輪切りにしたれんこんの穴に沿って包丁でくぼみを作り、花の形にしたもの。

きゅうり台

薬味やもろみみそなどをのせるのに使う。太いほうの端を切り落とし3㎝長さのところに斜めに包丁を入れる。同様に3方向から包丁を入れて中を切り抜く。

茶筅《ちゃせん》なす

へたの先を取ってから包丁の刃元を使ってお尻からへたに向かって細かく縦に切り目を入れる。調理後にねじって押さえ、茶筅のような形にする。小ぶりのなすにおすすめ。

魚介の下ごしらえ

海の恵みは鮮度が命。よく切れる包丁をご用意ください

毎秋、銀白に輝くさんまの姿を目にすると、ばぁばは心がウキウキします。太っちょのばぁばは夏が大の苦手。宵の風が涼しく感じられるようになり、さんまをいただいてはじめて、秋の訪れを実感するのです。

さんまは何といっても塩焼きでいただくのがいちばん。新鮮なものなら、腹わたの苦みも味のうちです。ばぁばは、シーズン最初のさんまはオーブンでこんがり焼いて、炊きたてご飯といただくことにしています。今年も生きていてよかった……と思う瞬間ね（笑）。

さんまは〝庶民の魚〟というイメージが強いのですが、これを三枚におろすことで、手をかけたことが伝わる温かなおもてなし料理が生まれます。三枚おろしはやってみると案外簡単です。しかし、スーパーでも三枚におろしてくれますし、魚は鮮度が命ですから下処理で躊躇なさらないこと。それは手抜きではありません。さて、三枚おろしの方法は、このあとの頁をご参照いただくとして、さっそくお試しいただきたいのが「さんまご飯」。そぎ切りにしたさんまを酒、しょうゆ、塩少量に漬け込んでおき、炊きたてのご飯と合

わせ、しょうがのみじん切り、いりごま、もみのり、細ねぎの小口切りを散らしてさっくりと混ぜるだけ。ご飯の予熱でさんまが霜降り状態になり、格別のおいしさです。

また、三枚におろして「両妻折り焼き」（作り方は58ページ）にしますと、おもてなしとして供しても恥ずかしくない主菜になります。三枚におろしたさんまをつけ汁に浸し、両端からクルッと丸めて双眼鏡のような形にして焼くもので、両端を丸めて楊枝で留めるから〝両妻折り〟です。片方から丸めると〝片妻折り〟になります。ひとつご注意いただきたいのが、あらかじめ三枚におろしてもらったものでも中腹にある小骨が残っていることがありますから、もし残っていたら、包丁で丁寧にすき取ることをお忘れなく。

骨を外したり、身が散乱する一尾の焼き魚は、家庭の食卓にこそふさわしいものであって、おもてなしとしては不向きですが、このように骨を外せばきれいに口に運べますから、お客様の御膳でも喜ばれます。お箸やお口を汚さないということ、食べやすいということも、日本料理の大切な美徳です。そのためのあなたのひと手間が、食べる人へ〝真心〟を伝えるということを覚えていてくださいね。

おもてなしに恥ずかしくない両妻折り焼き
シンプルな魚の焼きものも、クルッと丸めた両妻折りにして焼けば、見栄えもよくなる。

新鮮な鯛のあらを見つけたら、迷わず「買い」です

鯛の本来の旬は初夏ですが、いつでも手に入るようになりました。鯛は刺身によし、昆布締めにしてよし、煮てよし、焼いてよし……と、とても使い勝手のよい万能魚です。

青背魚は足が早い

背の青い魚（さば、あじ、いわし、さんまなど）は傷みやすく、とくに「さばの生き腐れ」というぐらいさばは足が早い。魚は目のきれいな新鮮なものを。

酢締めの効用

酢は魚の生臭さを抑え、身の表面に付着している細菌も殺菌する力がある。酢と同様に殺菌効果や酵素の働きでうまみを引き出す効果がある塩締めをしたあと、酢締めにすることで、生で食べるときとは違った味わいをもたらしてくれる。

そしてその〝あら〟はよいだしになります。あらだけを手頃な価格でパックにしたものを、スーパーでも見かけるでしょう？　新鮮なものを見かけたら、ぜひお買い求めを。昆布と一緒にゆでれば上品なだしがとれます。これで温かいおそうめんでも作ってごらんなさい。体調がすぐれないときでも、これならスッとお腹に収まるはずですよ。あらとはいえ身もついていますから、だしをとったあとに氷水で身を締め、指先でほぐし取り、ねぎの小口切りと一緒に散らせば、ちょっとしたごちそうになります。

あるいは、切り身も1パックお買いになって、極上の鯛めし（作り方は33ページ）に仕立ててもよろしいわね。切り身はつけ汁に漬けて汁ごと炊き込み、鯛のうまみをあますことなくいただきましょう。冷めてもおいしいですから、翌朝は鯛茶漬けにしてはいかが？

また、煮魚にしていただく魚は、「霜降り」や「湯引き」にしますと風味がよくなります。熱湯にさっと通し、すぐに氷水に取ることで、うまみを封じ込める下ごしらえです。まぐろの赤身などは一段と風味よくいただけます（作り方は59ページ）。さばやいわしの青魚、ぶりなども霜降りにして炊くと臭みが抜け、扱いやすくなります。この場合は氷水に取る必要はありません。

あさりのむき身などの貝類にも霜降りはぴったり。氷水ではなくうちわであおいで冷まします。和えものにしたときにも余分な水気が出ませんから、味が締まってうまみが増します。くれぐれも、熱湯にはさっとくぐらせる程度で。ほったらかしは厳禁ですよ。

魚介の下ごしらえ3か条

その1

包丁は手前に引く、刃先を使う

まぐろなどやわらかい魚は、包丁の刃先をあて、手前にすっと引くようにして切ります。身の締まった鯛やひらめなどは薄い平作りかそぎ切りに。いかやあじなどは包丁の刃先を使った細切りに。帆立は表面に切り込みを入れると立体感が出ます。

まぐろは1cm幅の平作りにする。

その2

皮目に忍び包丁を入れる

味をしみ込みやすくする忍び包丁（隠し包丁）は、魚でもよく使う手法です。ただ、煮ると身が崩れたり、皮がはがれたりしてしまいがちなので、皮目に包丁を入れる飾り切りで、見た目にも美しい下ごしらえを。

魚を焼いたり煮るときは、皮目に切り込みを。

その3

尺塩をする

焼き魚は、切り身でも尾頭つきでも焼く直前（脂の強い魚は30分から1時間前）に塩をふるのが基本です。片手に軽く握った塩を30cmほど上からパラパラと魚に落とします。こうすると魚にまんべんなく塩がかかり、焼き上がりもきれいになります。これを「尺塩」と言います。

30cmほどの高さから塩をまんべんなくふる。

やってみれば簡単。「三枚おろし」と安くておいしい「あら」の活用

「野菜もそうですが、魚も丸ごと買ってさばくのがいちばんおいしいですね。地元産のものならさらにおいしい。魚のあら、とくに鯛のあらは、上品なおだしが取れて骨に身もたくさんついていますから、煮麺や鯛めしに」（ばぁば）。よく切れる包丁があれば魚をおろすのは意外に簡単。スーパーで売っている魚のあらでも、お値段以上のごちそうに。

さんまを三枚におろす（あじ、いさきなど魚全般に応用）

❶ 頭を落とす

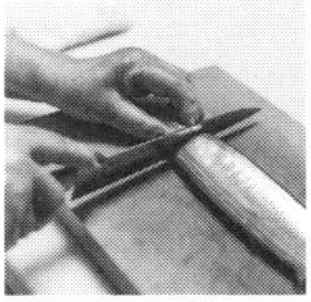

包丁の背で尾のほうから逆立てるようにしてうろこを取る。胸びれの下にまっすぐ包丁を入れ、頭を切り落とす。

❷ 腹の部分を切る

腹に包丁を入れる。

❸ 腹わたをかき出す

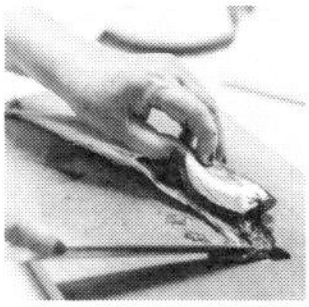

腹部分にある内臓を取り出す。

❹ 冷水できれい洗う

塩水または冷水で洗って血や汚れを落とす。水で洗うのはこのときだけ。

❺ 中骨に沿って切る

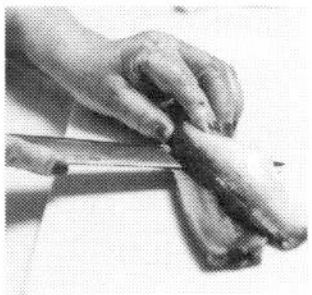

中骨の上に包丁を寝かせて入れ、尾のつけ根まで切る。

❻ 裏返して同様に

骨のついている側を下にして❺と同様に骨と身を切り離す。

❼ 脂身をそいで完成

小骨のついている脂身の部分を薄くそぎ落とせば、三枚おろしが完成。

Point
あじなど、ぜいご（とげ状のうろこ）があるものは包丁で削ぎとり、えらぶたを開いて包丁の先でえらを外します。

鯛のあらを活用する

＊鯛一尾分

❶ 鯛を三枚におろす

鯛は三枚におろし、切り身とあらに分ける。スーパーであらと切り身を購入したものでもよい。

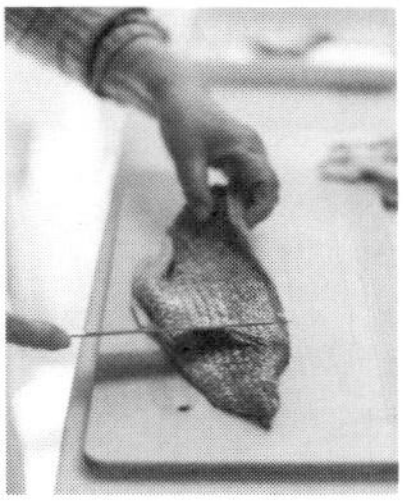

❷ 下味をつける

切り身は酒としょうゆ各適量をふり、下味をつけておく。

❸ 頭や中骨をぶつ切りする

あらをざるに入れて流水で洗い、頭や中骨を適度な大きさに切る。

❹ 身に熱湯を回しかける

身に熱湯を回しかけ（湯通し）、臭みをとる。ボウルに菜箸を放射状に置き、その上に平ざるを置くとよい。

❺ 氷水をかけて締める

身の臭みをとったら、氷水をかけて締める。骨から身を外す。

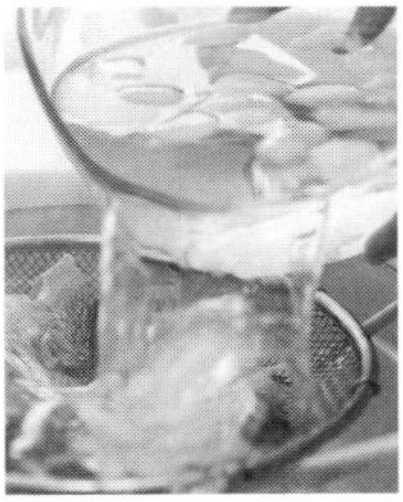

❻ 頭、中骨でだしをとる

鍋に水を適量入れ、だし昆布と一緒に頭や中骨を7～8分ほどゆで、だしをとる。

あらを使ったメニュー

●ごちそう鯛めし

（料理13ページ
作り方33ページ）

⑤で下処理した身と⑥でとっただしを使って、鯛めしができます。

●白魚もどきのお椀

（料理72ページ）

＊4人分

❶かまぼこ100gは約5cm長さの薄切りにして、さらに千切りにする。❷鍋に鯛のあらで取っただし3カップを煮立て、酒大さじ2、薄口しょうゆ小さじ2、塩小さじ1を加えて味を調え、かまぼこ、好みの青菜（ほうれん草など）を加える。❸ボウルに卵を2個割り入れ、菜箸で白身を切るようにして軽く混ぜ、煮立った②に菜箸を伝わせるようにして回し入れる。❹すぐに蓋をして軽く蒸らして椀に盛り、木の芽を飾る。

魚介の下ごしらえ表

●いわしの手開き

❶流水下でいわしの表面を指でこすりながらうろこを取り、頭を包丁で落として内臓を取り除き塩水で洗う。❷尾を向こうにして、中骨の上に左右の親指を入れ、骨と身をはがすように尾に向かって開いていく。❸中骨を尾のつけ根で折って、頭に向かって身からはがす。❹腹骨を包丁ですき取り、皮側中央にある背びれを取る。たたきや刺身にするときは皮をはがす。

●あさり、しじみの砂出し

海に生息するあさりは、海水と同じ程度の塩水（水1カップに対し塩小さじ1強が目安）に4〜5時間浸けて塩を吐かせる。一方、海水と淡水の境に棲むしじみは真水に2〜3時間浸けて砂を吐かせ、流水の下で殻をこすり合わせるようにして洗う。

●青背魚の酢締め

いわし、あじ、さばなどの青背魚は、酢締めをすると生臭さが抜ける。❶切り身をざるにのせ、両面に塩大さじ1をふって2〜3時間おく（塩締め）。❷酢水か水でさっと洗って布巾で水気を取り、切り身の半分まで酢を注いだバットに20〜30分浸す。

●かきのふり洗い

かきの汚れやぬめりは、たっぷりの大根おろしで吸い取る。かきを大根おろしの中でそっと混ぜ、目ざるに入れて2回ほど流水でふり洗いを。汚れを吸い取った大根おろしがざるから落ちて、かきはスッキリきれいに。

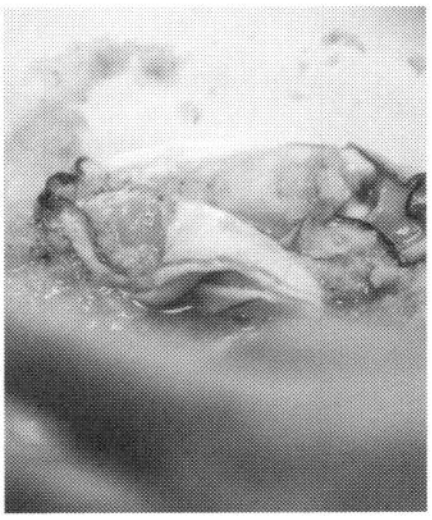

❶かきが破れないよう、手でやわやわと大根おろしと混ぜて。

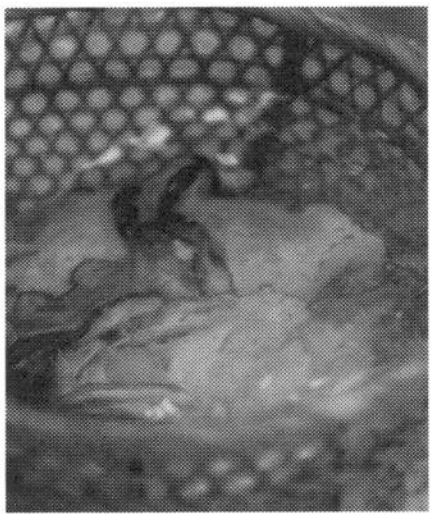

❷大根おろしが黒ずみ、かきがミルク色になったら流水でふり洗い。

ばぁばの魚介メニュー

●太刀魚《たちうお》の塩焼き（料理66ページ） ＊2人分

❶太刀魚2切れは、血合いなどをきれいに水洗いして取り除き、背びれの骨は包丁をV字に入れて取り除く。キッチンペーパーで水気を拭き、表になる皮目に5㎜間隔で忍び包丁を入れる。❷両面に酒小さじ2、塩適量をふる。オーブンの天板を250℃に予熱し、クッキングシートを敷いて10分ほど焼く（魚焼きグリルなら中火で12分ほど）。❸器に盛り、酢どりれんこん（作り方は117ページ）を添える。

●さんまの両妻折り焼き ＊2人分

❶さんま2尾は三枚におろし、中骨をすき取る。❷バットに酒大さじ1、しょうゆ大さじ1½、みりん大さじ½を合わせ、①を並べる。数回、皮目と身を交互に返して味をなじませ、最後に身を下にして10分浸す。❸皮目を下にして、頭のほうから半分くるりと巻き、串を刺して留める。尾からも同様に巻いて串を刺す。❹皮目に「×」の忍び包丁を入れ、250℃に予熱したオーブンで6〜7分焼く。❺焼き上がったら、串を回しながら抜き、器に盛る。大根おろしとすだちを添える。

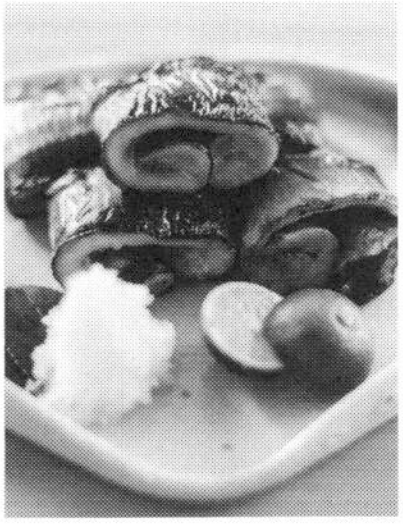

●いかの下処理

❶胴の中に指を入れ、足がくっついている部分をそっと外す。❷足のつけ根を持ってゆっくりと腹わたごと引き抜く。軟骨も取り出す。❸胴とえんぺらの間を少しはがし、えんぺらをつかんで下へ皮ごと引っ張る。はがした皮の切れ目から、キッチンペーパーで皮をむく。❹目の下1cmぐらいのところを包丁で切り、足と腹わたを分ける。❺足の中央にある硬いくちばしを指で外す。足先に向かって包丁の背でしごき、吸盤を取り除く。

●えびの背わた取り

❶えびの背を丸めるように曲げ、頭から2節目ぐらいに竹串を刺して背わたを取り出す。❷えびの殻をむく。❸包丁の先で尾の先を切り揃え、軽くしごいて水気を出す。❹調理時に丸まらないように、腹側の筋を2〜3か所切る。

●冷凍ものの解凍

あまったえびやいかなど冷凍したものは、料理酒に塩少量加えた中で解凍すると、生臭さもなくぷりぷりになる。

●白子の湯引き

湯引きとは、肉や魚の臭みを除き、うまみを閉じ込めるための下ごしらえ。肉や魚の身を熱湯にさっとくぐらせたり、上からかけたりして表面に熱を通し、すぐ冷水にとって身を締める。白子は、たら、ふぐなどの精巣。ボウルに張った水の中でやさしくぬめりを取っておく。

❶白子は沸騰した湯に差し水をし、70〜80℃にしてから30〜40秒くぐらせる。

❷すぐ氷水で冷やし水気を切る。そのままポン酢で食べても美味。

●湯引きまぐろ ＊1さく分

まぐろも湯引きをすると、身が引き締まってうまみが増す。❶まぐろの刺身（さく）の両面に熱湯をまんべんなくかけ、表面が白っぽくなったら、氷水に入れて冷やす。❷布巾やキッチンペーパーで水分をしっかり拭き取ってから切り分け、薬味と盛る。

●あなごの棒揚げ（料理124ページ）＊2人分

❶あなご（小・開いたもの）2尾は皮目を上にして、包丁の刃先でぬめりを取る。身のほうも同様に。❷衣を作る。軽量カップに卵1個を割り入れて冷水を加え、合わせて1カップにする。大きめのボウルに移して太めの菜箸で卵白をつまみ上げてよく切り、溶きほぐす。ふるった小麦粉1カップと氷1〜2個を加え、さっくり混ぜる。❸バットに小麦粉少量を広げ、穴子の両面に薄くつける。揚げ油を175〜180℃に熱し、穴子の尾先を持って衣にくぐらせ、皮目を下にしてそっと油に放す。❹菜箸に衣を少量つけて、穴子に向けて3〜4回落とす。一度返して衣がしっかりとしたら再度返し、ひと呼吸おいて揚げ台にとる。菜箸でふたつにちぎり、野菜の精進揚げ（作り方は111ページ）と盛り合わせる。

肉の下ごしらえ

牛肉は常温にもどして料理。「外側は焦げ焦げ、中は冷たいまま」とならないように

以前、ある雑誌の取材で「最後の晩餐で食べたいものは何か」と聞かれたことがあります。「お寿司かしら。おいしいまぐろの赤身がいいわね。パパの大好物だったの」と答えました。自宅で亡くなったパパの最後の晩餐は焼き魚とご飯という、なんとも寂しい御膳になってしまって、それがかわいそうで申し訳なくて……。せめて、あちらへ逝く前に、大好きだったまぐろのにぎりをお腹いっぱい食べさせてあげたかったと悔やんだものです。

でも、お肉も捨てがたいのよね。上等な牛フィレ肉のステーキをほんのちょっといただいて、あちらで待っているパパの元へ、ルンルンと旅立って行きたい気もしています。

お肉はやはり、元気が出ます。ばぁばはおいしいお肉が食べたくなると、お料理教室の定番にもなっている「牛のたたき」（作り方は１０５ページ）を作ります。自宅でステーキを完璧に焼くのは至難の技。シンプルだからこそ一歩間違えると、高いステーキ肉が台無しになるリスクが伴います。その点、ブロック肉をゆっくり焼くばぁばの牛肉のたたき

なら安心。手頃な輸入肉でも失敗なくおいしく焼き上がります。

牛肉のお料理で大事なのは、料理する1時間ほど前に冷蔵庫から出し、常温にもどし、焼く前に下味を浸けておくこと。たとえば「牛のたたき」ならば、焼く直前に塩、こしょうをふって手でよくもみ込みます。また、ステーキ肉など厚みのあるものは、脂肪と赤身の間にある白い筋に切り込みを入れる「筋切り」で、肉の縮み予防をしておくことが肝要です。これは豚肉にも当てはまります。カツレツ用のロース肉なら、脂身の部分にも何カ所か切り込みを入れておきましょう。

理に適《かな》った下ごしらえ「霜降り」の粋

また、ばぁばは骨つきラム肉も大好きです。ラム肉はその独特の風味が苦手、という方も多いようですが、ハーブと一緒にマリネしてから焼きますすと、においが和らぎますし、実山椒のたれに漬け込んでローストする「有馬焼き」（作り方は63ページ）なら、香ばしく爽やかな味わいに昇華します。ラム肉は加熱すると硬くなりやすいので、筋切りをしっかりとして下味をつけ、15分ほどなじませてから火を通します。くれぐれも焼きすぎにはご注意ください。

ところで、魚介の下ごしらえでご紹介した「霜降り」は薄切り肉でも重宝します。「湯引き」とも言ったりするこのひと手間は、肉や魚介をさっと熱湯にくぐらせたり、または

肉は繊維に垂直にカット

肉を切るときは、繊維の方向を確かめて、繊維に対して垂直にカットすると、身が縮まらずやわらかく仕上がり、食べやすくなる。

焼く直前に塩をふる理由

肉も魚も塩をふってから焼く。魚は前述のように臭みをとるため、焼く10分くらい前（脂の強い青魚は30分から1時間前）にふるが、肉の場合は焼く直前にふる。塩をふると焼いたとき表面がすぐ固まるため、うまみの流出を防いでくれる。塩をふって放置しておくと、肉から水分が出てうまみ成分も逃げるので要注意。

肉は先に炒める

野菜より肉を先に炒めるのは、肉を高温で焼いて表面をコーティングさせることでうまみと水分を逃さないようにするため。野菜のあとで肉を入れると、野菜の水分で肉がぐちゃっとしたり、肉の臭みが野菜に移ったりしてしまう。

「肉がくっついてしまう！」を防ぐ方法

鍋に火を入れると、肉がくっついてしまいがち。鍋にサラダ油大さじ2を弱火で熱したあと、一旦火からはずし、鍋底にぬれ布巾を当てて冷ます。そのあと肉を入れるとくっつきにくくなる。

熱湯をかけたりしてから氷水で急激に冷やす作業をいいます。加熱により表面が白っぽくなり、まるで霜が降りたように見えるのが名前の由来です。とても美しい名前ですね。このような感性にも、日本料理の粋を感じずにはいられません。熱湯に通して一気に冷やすことで、お肉をキュッと引き締めてうまみも閉じ込めることができます。熱を加えすぎることがありませんから、たんぱく質が凝固せず、やわらかな食感や持ち味を損なう心配もありません。じつに理に適った下ごしらえなのです。

霜降りにしたお肉は加減酢（二杯酢や三杯酢にだしを加えたもの）や加減じょうゆ（しょうゆにだしを加えたもの）、梅肉じょうゆでさっぱりとどうぞ。あるいは、お野菜と合わせてポン酢などをかけていただく冷しゃぶもよし、新鮮な鶏のささみであれば、霜降りにしてわざびじょうゆで。とりあえずの酒肴にも洒落ています。

魚介と同様に、お肉の霜降りは迅速に手際よく。熱湯にも氷水にもささっと入れて素早く引き上げることです。熱湯にいつまでも入れていたのでは煮え切ってしまいますし、氷水に浸しっぱなしではせっかく閉じ込めたうまみが水の中に逃げてしまいます。生のようで生でない、しかし新鮮な口当たりが霜降りの身上。目と手を離してはいけませんよ。

＊メニューはすべて4人分

ばぁばの定番！肉メニュー

●肉じゃが（料理は71ページ）＊4人分

① 肉、野菜を切る

牛切り落とし肉300gは、食べやすく切ってほぐす。じゃがいも大4個は四つ割りにして皮をむき、水に放しておく。玉ねぎ1個は縦半分に切って芯を取り、繊維に沿って1㎝幅に切る。

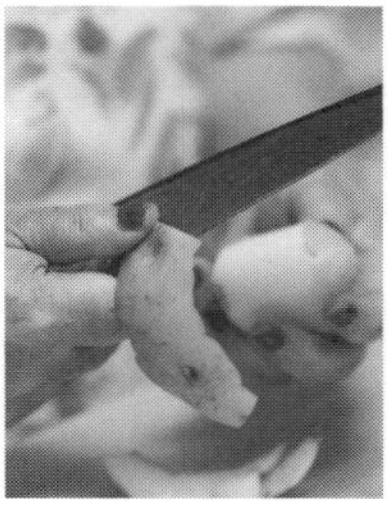

② 肉から炒める

サラダ油大さじ2を熱した鍋をぬれ布巾にのせて冷ます。牛肉を入れて油を絡め、色が変わったら火にもどし、中火で炒める。こうすると肉が鍋にくっつかない。玉ねぎ、じゃがいもを加え、軽く炒める。

③ 味つけして煮る

薄めのだし3カップ、酒・しょうゆ各大さじ3、砂糖大さじ4、みりん大さじ1、塩ひとつまみを加え強火に。煮立ったら中火にしてアクを引く。

④ さらに煮る

落とし蓋をして、じゃがいもがやわらかくなるまで14〜15分煮る。バットにあけてから器に盛る。

●骨つきラムの有馬焼きとマッシュポテト（料理70ページ）＊4本分

【骨つきラムの有馬焼き】

❶骨つきラム肉4本は筋切りをする。❷バットに塩小さじ1、酒大さじ2、しょうゆ大さじ1を合わせ、包丁でたたいて粗く刻んだ実山椒の佃煮（びん詰め）大さじ1を加えてさっと混ぜる。❸ラム肉を②に漬け、15分ほど常温で寝かせる。7分ほどしたら途中で裏表を返す。長くおきすぎるとしょっぱくなるので注意。❹250度のオーブンで、天板にクッキングペーパーを敷いて③を並べ7分焼く。

【マッシュポテト】

❶じゃがいも3個は皮をむき、8等分に切る。鍋にじゃがいもがかぶるくらいの水を入れてやわらかくなるまで10分ほどゆでる。❷よく水気を切って、再度火にかけ粉吹きいもにする。手早くバター15gを加えてマッシャーやフォークで潰す。❸弱火で牛乳1/2カップを少しずつ加えて、好みのなめらかさにし、塩少量で調味する。❹皿にマッシュポテト、野菜を添えて、焼き上がった骨つきラムを盛る。熱々をいただく。

Point

お肉はフライパンで焼くよりふっくら仕上がるオーブンがおすすめ。有馬焼きとは、山椒が名産の兵庫県有馬地方の名前に由来します。

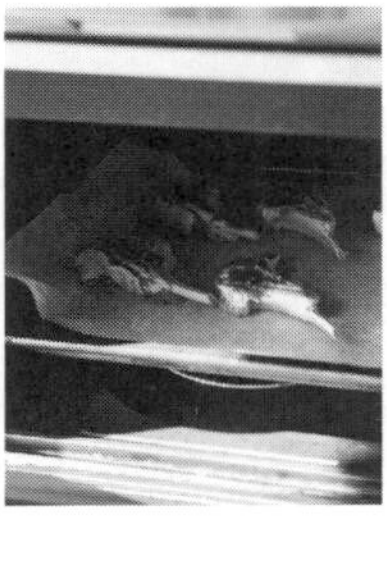

硬くならない、脂っぽくならない
ひと工夫で肉料理も絶品に！

「高級肉も調理を間違えばせっかくのお味も台無しになりますし、お手頃な肉も丁寧に扱えば、びっくりするくらいおいしくいただけます」（ばぁば）。調理前のひと手間で肉の臭みが消え、味と食感が格段にアップします。また、ラムやレバーなども独特のクセを和らげることで、肉本来のうまみを楽しめるようになります。

肉の下ごしらえ表

●筋切り・肉たたき

筋や繊維を断ち切ることで身が硬くなったり、縮んだりするのを防ぐ。

鶏ささみ肉

鶏ささみ肉についている紐のような白い筋は、調理前に必ず取ること。味が落ち、食べにくい原因にもなる。片手で筋の端をもち、筋に包丁を立てるように当てて押しながら、筋を手で引っ張って取り除く。

ステーキ・カツレツ用肉

厚切り肉や硬い肉は、脂肪と赤身との間にある白い筋に数カ所切り込みを入れて、肉の丸まりや縮みを防ぐ。また、肉の両面を肉たたきやすりこぎなどで軽くたたくと口当たりがよくなる。

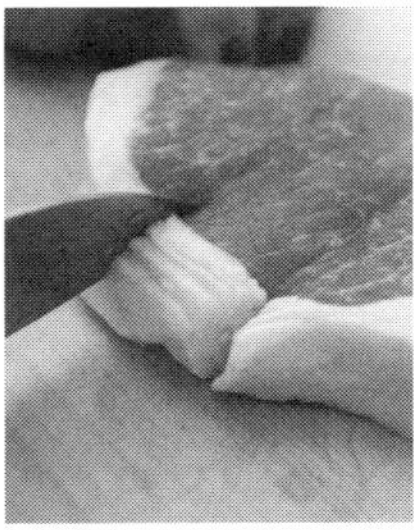

脂身部分にも切り込みを。

●肉の漬け込み

やわらかくする効果と臭み消しに効果がある。

豚肉・ステーキ肉

肉4枚に対しサラダ油½カップ、薄切りまたはすりおろした玉ねぎ大2個分をまぶし、2〜3時間漬け込む。こうすると、肉汁を逃さず、むらなくやわらかく焼ける。セロリやにんじんを加えてもよい。

「乾物は何種類か
常備しておくと、
あともう一品
ほしいときに
とても重宝します」

鮮やかな干し菊で
「いくら南天」

食用菊を熨斗《のし》状に乾燥した干し菊を福寿草の花に、大根おろしを雪に、いくらを南天に見立てた「いくら南天」は、冬ならではの逸品。おもてなしにもぴったり。

(→いくら南天の作り方
77ページ)

皮はパリッと身はふっくら「太刀魚の塩焼き」

皮目に浅い切り込みを入れ熱いオーブンで焼き上げる。焼き魚には、つけ合わせとして青菜や酢どりれんこんなどを手前に添える「前盛り」の決まりがある。

(→太刀魚の塩焼きの作り方58ページ、酢どりれんこんの作り方117ページ)

「魚は鮮度がすべて。
たとえ魚のおろし方を
知らなくても、
店頭で新鮮な魚が
目に留まったら、
迷わず一尾
お買いなさいませ。
今の時代、スーパーでも
さばいてくれます。
手をかけるべきは
下ごしらえ。
水気をしっかり拭く、
皮目に切り込みを入れる、
酒をふる、
焼く前に塩をふる。
火にかける前に
丁寧にお世話をします」

冷やしても美味「鮭の南蛮酢」

生鮭を薄くスライスして唐揚げにし、ねぎ、セロリなどの南蛮酢で和えたもの。温かくしても、冷たくしてもおいしい。

（→鮭の南蛮酢の作り方149ページ）

金目鯛を餡で隠した「かぶら蒸し」

雪原を思わせるかぶの餡の下には、ぎんなん、ゆり根など冬野菜と、朱色鮮やかな金目鯛が隠れている。

（→かぶら蒸しの作り方149ページ）

自家製「なまり節」の和えもの

かつおを蒸すだけで昔ながらのなまり節に。「みょうがとわかめの酢のもの」（写真上）、「にんにくじょうゆ和え」（写真左）を楽しんで。

（→みょうがとわかめの酢のもの、
にんにくじょうゆ和えの作り方99ページ）

夏の定番おつまみ
「うざく」

「うざく」はうなぎの蒲焼きと、立て塩にしたきゅうりを和えたもの。"ざくざく"切ったうなぎときゅうりの音から、この名になったとの説も。

(→うざくの作り方 43ページ)

「今やサラダのほうが
主流のようですが、
和えものは、和食で大切な
副菜、お口直しです。
かつおのなまり節は
いわば自家製のツナ缶で、
旬のお野菜と和えてよし、
そのまま食べてよし。
きゅうりと和えるうなぎは
レトルトでもいいのよ。
きゅうりの軽妙な歯ごたえが、
ごちそうなのですから」

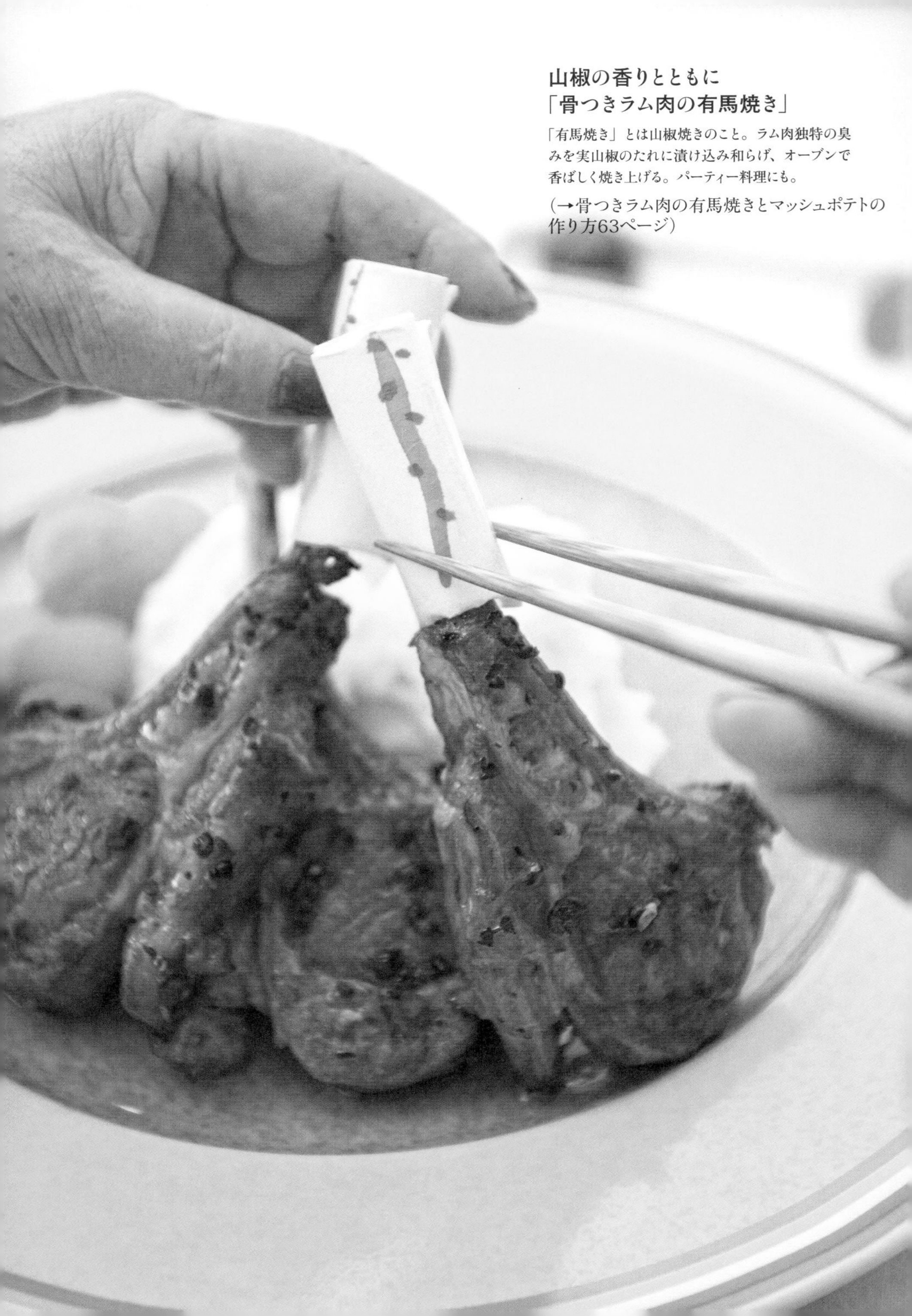

山椒の香りとともに「骨つきラム肉の有馬焼き」

「有馬焼き」とは山椒焼きのこと。ラム肉独特の臭みを実山椒のたれに漬け込み和らげ、オーブンで香ばしく焼き上げる。パーティー料理にも。

（→骨つきラム肉の有馬焼きとマッシュポテトの作り方63ページ）

お箸でいただく
「和風ステーキ」

良質な牛赤身肉を使い、格子状の鹿の子包丁を入れて焼くと、肉が縮まらず早く火が通る。さらにひと口大に切ると、お箸で食べやすい和風の趣に。

（→和風ステーキの作り方105ページ）

時季知らずの定番
「肉じゃが」

こっくりと甘く、素朴な肉じゃがは家庭料理の代表格。丁寧なアク引きがすっきりとした後口を作る。だしを抑え、しょうゆと砂糖を増やすと、ほくほくと濃厚な味わいの汁なし肉じゃがに。

（→肉じゃがの作り方63ページ）

「お肉料理の
難しいところは
火加減とタイミング。
うまみや香りを逃さずに、
絶妙の加減で火を
通すことが肝要なのです。
そのためにも
ステーキなどの焼きものは
必ず常温にもどしてから
火にかけること。
まずは表面に
焼き色をつけて、
うまみを閉じ込めますよ」

かまぼこで作る「白魚もどきのお椀」

細切りにしたかまぼこを白魚に見立て、かき玉とお椀仕立てに。かまぼこからよいだしが出て風味満点。覚えておくと重宝するお吸いもの。

（→白魚もどきのお吸いものの作り方57ページ）

大鉢のごちそう「空也蒸し」

豆腐と卵で蒸した「空也蒸し」は、平安時代の高僧・空也の弟子が考案したと言われる。大鉢で蒸せば立派なごちそうに。食欲がないときにもおすすめ。

（→「空也蒸し」の作り方171ページ）

どう違う？
湯引き、湯通し、湯洗い、湯がく、霜降り

〈湯引き〉肉、魚、野菜を湯にさっとくぐらせ、表面だけ熱を通して生臭みや脂をとり、身を引き締める下処理法。湯ぶりともいう。

〈湯通し〉アクや余計な脂分を落とすため、熱湯をかけたり、熱湯にくぐらせたり、さっとゆでたりすること。

〈湯洗い〉湯通しと同義語。

〈湯がく〉おもに野菜をさっとゆでたり、熱湯にしばらく浸けておくこと。

〈霜降り〉とくに生の肉、魚のときに使い、熱が加わることで表面が白くなるので「霜降りにする」という。湯引きしたり、湯通しして、脂やアク、臭みをとってうまみを閉じ込める目的で使う言葉。

肉の下ごしらえ表

●ハーブ使い・下ゆで

調理前に下ゆでしたり、ハーブやスパイスを使ったりすることで、特有のクセを抑える。下ゆで時にハーブを入れることも。

ブロック肉・骨つき肉

角煮に使う豚バラブロック肉は、ゆでて余分な脂とアクを取り除いてから調理する。クセの強いラムなどの肉は、タイムやハーブなどの香草をのせてしばらくおいてから調理する。

ラム肉

肉に塩・こしょうをし、生のハーブ（数種類を混ぜたほうがより効果的）をみじん切りにして肉にのせてから調理する。

ラムなどクセの強い肉にはハーブを使って風味を和げる。

レバー

レバーの血は強い臭みがある。流水で表面の汚れを流してたっぷりの水に1時間浸け、血が水の中に流れ出るのを待って調理を。玉ねぎ、ローリエを加えてゆでると臭みがさらに抜ける。

ひき肉

ひき肉は脂に臭みがあるので、沸騰したお湯にさっとくぐらせ、脂を落とすことで臭みが減る。うまみが逃げないよう手早くくぐらす程度に。

●脂抜き

肉に熱湯を回しかけたり、ゆでて浮いてきた脂やアクを取り除く。ゆでたあと、しばらく冷まして、浮き上がった白い脂肪のかたまりを取り除くと、脂肪分を大幅にカットできる。

豚バラ肉

煮ものなどに豚バラ肉を使う場合は、油でじっくりと肉の脂を出し、湯通ししてから調理すると、味がしみやすくなる。また、べたつきのないサッパリとした口当たりになる。

豚バラ肉は油で肉の脂を出したあと、熱湯を回しかける。

乾物の下ごしらえ

使い慣れたらとても便利。「あともう一品」にも重宝します

パパとばぁばは、一男二女に恵まれました。今や子供たちも〝ばぁば〟や〝じぃじ〟となり、私はひいおばあちゃんも兼任しております。そんな子供たちが幼かったころは、ばぁばはサラリーマンのパパと一緒に子供たちを育て、家庭を守る専業主婦でした。

「チャーちゃん（子供たちは私のことをこう呼んでいました）、今日の夕ご飯はな〜に？」

「ただいま！」と学校から帰るやいなや、そう言いながら台所に駆け込んできます。

「今日はねえ……いろいろよ」と私が答えるときは、パパのお給料日前の合図。家計をやりくりするため、月に一度の定番メニューが登場する日なのです。子供たちも「あ、あれだね〜！」とクスクス笑い合っていました。〝あれ〟とは、故郷の青森から送られてくるふのりや干し菊、すき昆布、くるみなどの乾物類と、買い置きの干ししいたけや昆布などを組み合わせて作る節約料理のこと。あるものを使うので「いろいろ」というわけです。

よく作る〝いろいろ〟のひとつに「すくい豆腐の吉野あん」がありました。作り方はとても簡単で、絹ごし豆腐一丁をふたつに切り、昆布を敷いて水を張ったお鍋に入れ、弱火

でほたほたと温めます。もどしておいた干ししいたけを千切りにし、おだしでさっと煮て、みりんとおしょうゆで味を調え、水で溶いた吉野葛を加えて餡を作ります。熱々のお豆腐を穴あきお玉でお椀にすくい入れ、この餡をたっぷりかけるだけ。子供たちの大好物にもなって、今でも折りに触れて、このお椀を懐かしがります。

しみじみとおいしい高野豆腐、香り高き干し菊の愉しみ

誰もが忙しい現代では、乾物をもどす時間がもったいないと言われるかもしれませんが、乾物は使い慣れるととても便利で、不足しがちな栄養素も豊富に含んでいます。どんなに時代が便利になろうが手間がかかろうが、脈々と私たちの食卓に受け継がれているのは、日本人の体に必要な滋養と、心を落ち着かせる奥深い味わいゆえでしょう。

また冷蔵庫がなかった時代には、主婦たちにとって乾物は相棒のような存在であり、台所に欠くことができないものだったのです。

そんな乾物の代表といえば、やはり高野豆腐かとばぁばは思います。高野豆腐は、お豆腐を冷凍乾燥した日本の伝統的な保存食で、高野山の宿坊で作り始めたのが発祥とされています。たまたまお豆腐を野外に放置したらできたのだとか。偶然の産物だったのですね。

東北地方では「凍《し》み豆腐」と呼ばれ、こちらは戦国大名の伊達政宗が兵糧研究の末に考案したと伝わっております。青森の実家でも、高野豆腐は母の台所の必需品でしたし、私

もこれまでどれだけ高野豆腐の含め煮（作り方は79ページ）に助けられたことか！

それから、豆類、とくに金時豆はつねにストックしています。ばぁばは、金時豆を炊く時間が大好きなのです。お台所でお献立を考えたり原稿をチェックしたりしながら、金時豆の煮立ちを見張り、差し水をし、アクをすくい……と、せっせとお世話します（作り方は93ページ）。お豆は、水にひと晩浸して十分に水を吸わせてから使うのがポイント。炊き上がった翌日からおいしくなりますから、口に入るまでに都合3日かかるの（笑）。でも、温かな湯気と香り、コトコトとお鍋が奏でる協奏曲に包まれる時間はとても豊かだと思います。

そして、子供のころから大好きなのが干し菊です。私が生まれ育った青森県八戸は食用菊「阿房宮《あぼうきゅう》」の産地で、その花びらを蒸して干し上げたのが干し菊。鮮やかな黄色と、やわらかな歯ごたえと甘みが特徴です。眼精疲労によいとされるビタミンB_1や老化を抑制するビタミンEが豊富ですから、ぜひお試しいただきたい乾物のひとつです。もどすのも簡単で、熱湯に放して菜箸でひと混ぜしてざるに上げて冷ますだけ。水気をよく絞り、細かくほぐして使います。ばぁばは冬になると、干し菊を使って「いくら南天」（作り方は77ページ）を作ります。色どりよく、お口直しにもぴったりのおすすめの一品です。冷蔵庫で器とともによく冷やしてからお召し上がりくださいね。

簡単なのに豪華なおすすめ乾物

干し菊（黄菊）をもどす

鮮やかな黄色が華やかで、おもてなしにも重宝し、秋の季節を盛り込むこともできる黄菊。食用菊として生や乾物があり、通販やスーパーなどで手に入ります。乾物は熱湯でもどして、おひたし、三杯酢和え、くるみ和えなど様々に楽しめます。

❶干し菊を用意する。

❷塩少量を加えた熱湯でさっとゆで、ざるに広げる。

❸うちわであおいで冷やし、色よくする。

干し菊を使ったおもてなしメニュー

●いくら南天

（料理65ページ）＊4人分

❶もどした黄菊（20輪分）は、水気を軽く絞っておく。❷大根おろし½本分に、干し菊、いくら80gを入れ軽く混ぜる。❸下ゆでして粗く刻んだ菜の花2本分（せりでもよい）を加え、合わせ酢（酢・薄口しょうゆ各大さじ2、だし汁大さじ1）で和える。

乾物も鮮度が命

「乾物も日本の先人たちの素晴らしい知恵。一周回ってまた日の目を見た感じがいたします。乾物にも鮮度があります。古い豆は味が落ちますし、火を通すにも時間がかかります。干ししいたけはかさの内側が淡黄色あるいは乳白色のものを選びましょう。切り干し大根やかんぴょうは白すぎないことが大事。保存は乾燥剤と一緒に密閉容器で」（ばぁば）

豆類（大豆・小豆など）

ポットを使うとスピーディーにもどせる。豆を洗い水気を切ってポットに入れ、大豆の3～4倍の熱湯を注ぐ。約2時間保温したら、湯ごと鍋に移してやわらかくゆでる。

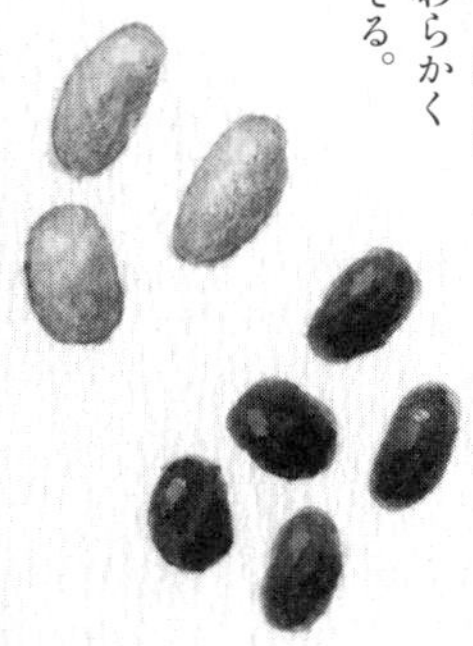

春雨

用途によりもどし方を変える。和えものは熱湯に2～3分浸け、汁ものに使う場合はぬるま湯に20～30分浸けて硬めに仕上げる。透明になったらざるに上げ、流水で冷ます。

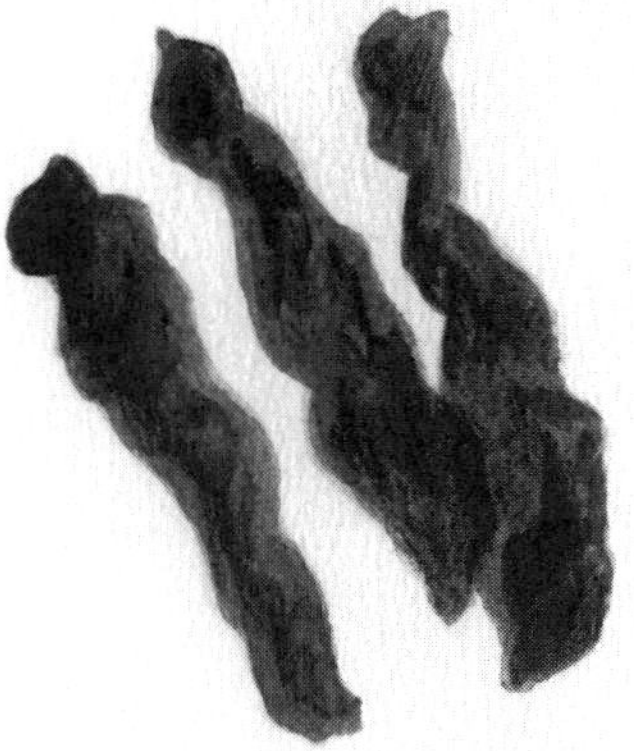

干しわかめ・ひじき・切り干し大根

干しわかめ・ひじき・切り干し大根はそれぞれボウルに入れ、たっぷりの水またはぬるま湯で干しわかめ、切り干し大根は5～15分、ひじきは30分から1時間浸し、ざるに上げて水気を切る。

乾物を使ったメニュー

（作りやすい量）

●ひじきの五目煮

❶ひじき300gと干ししいたけ4枚をもどし、しいたけは石突きを取って薄切りにする。油揚げ1枚は油抜きをして3～4㎜幅に切り、にんじん30gは3㎝長さの拍子木切りに、ごぼう30gはささがきにする。❷鍋にだし2カップを入れて火にかけ、煮立ったら酒・砂糖各大さじ1、みりん大さじ3、しょうゆ大さじ2½、塩少量を加える。❸ひじき以外の①を入れる。ひと煮立ちしたらひじきを加えて軽く煮る。落とし蓋をし、弱めの中火で7～8分煮る。

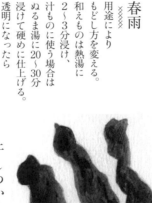

干ししいたけ・きくらげ

干ししいたけはさっと洗い、全体がかぶるくらいのぬるま湯に30~40分、水なら半日浸ける。時間がないときはぬるま湯に砂糖（湯1カップに対して大さじ1強）を加え、レンジで加熱（4枚に対して2分目安）。きくらげはさっと洗い、たっぷりの水に30分浸ける。

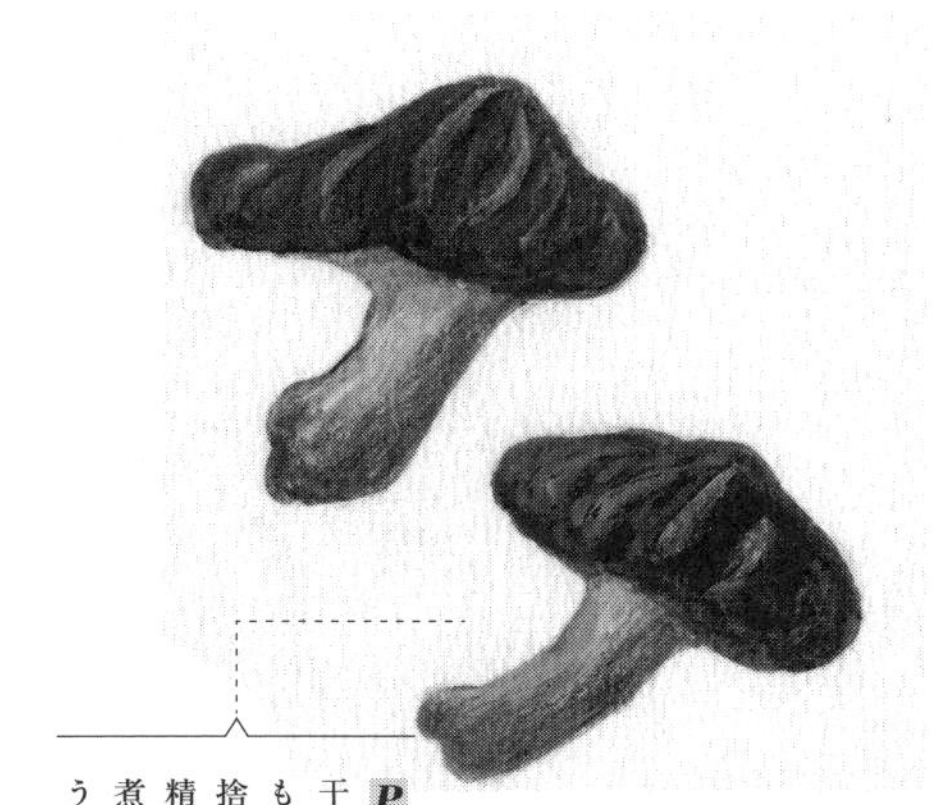

Point
干ししいたけのもどし汁は捨てないで。精進料理や野菜の煮ものに加えるとうまみが増します。

麩

さっと洗い、薄い塩水またはだしにやわらかくなるまで浸け、軽く絞って調理する。大ぶりの麩はひと口大にちぎって使う。

かんぴょう

塩でもみ洗いし、繊維をやわらかくする。たっぷりの水に20分浸けて、さらに20~30分ゆでる。洗って水気を絞る。

高野豆腐

高野豆腐はぬるま湯に浸け、浮き上がってこないようバットなどをのせて40分ほど、真ん中がふわふわするまで浸す（高野豆腐に直接湯をかけないよう注意）。水を入れたボウルに移し、水が濁らなくなるまで高野豆腐を押し洗いする。もどさずにだしに浸して煮るタイプもある。

●切り干し大根のハリハリ漬け

❶水でもどし、きつく絞って食べやすく切った切り干し大根70gを保存容器に入れる。❷①に砂糖大さじ3、酢大さじ5、だし大さじ4、薄口しょうゆ大さじ1を順に加え、赤唐辛子適量も加えてよく混ぜる。❸蓋をして冷蔵庫で1~2時間おいてからいただく。ひと晩おくとよりおいしくなる。

●高野豆腐の含め煮

❶高野豆腐2枚はもどして水気を絞る。❷鍋にだし汁1カップを煮立て、砂糖・酒・薄口しょうゆ各大さじ1、みりん大さじ1½、塩少量を加え、高野豆腐を入れる。❸アルミ箔をかぶせて弱火で汁気がなくなるまで煮て、さらに小さめの鍋蓋で押さえて、汁気を出しながら煮る。❹食べよく切って、千切りにしたゆずを飾る。

油揚げ、こんにゃくなど

加工品の下ごしらえ

油揚げやしらたき、こんにゃくなどは、常備しておくと重宝。
油揚げは、料理に加えるとコクが出ますし、
しらたき、こんにゃくは、保存期間も長く、
カロリーが低いのに満腹感も得られます。
これら便利な加工品を味方につけましょう。

油揚げ・豆腐

油揚げはざるに入れ、
上から熱湯をまんべんなく
かけて油抜きを。
いなり寿司に使う場合は、
油揚げを2等分して
袋状に開いてから
1分ほどゆでて
油抜きを念入りに。
豆腐をしっかり水切り
したいときは、
耐熱皿にキッチンペーパーを
敷いたところに
豆腐をのせてラップなしで
電子レンジで約2分加熱を。

しらたき・こんにゃく

しらたきは沸騰した湯で
20〜30秒ほどゆでで、
ざるにとって湯を切る。
こんにゃくは
水から鍋に入れ、
沸騰後5分ほどゆでて
ざるにあけて水気を切る。

ばぁばのこんにゃくメニュー

●こんにゃくの南蛮みそ ＊4人分

❶こんにゃく1枚は下ゆでし、1cm厚さに切る。細かい鹿の子（斜め格子状）に包丁目を入れ、食べやすい大きさに切る。❷南蛮みそを作る。ボウルに八丁みそ・砂糖各大さじ3、しょうゆ大さじ1、トマトケチャップ大さじ2を加えてよく混ぜる。酢⅓カップを少しずつ加えて伸ばし、最後にごま油大さじ1と七味唐辛子小さじ⅔を加えてよく混ぜる。冷蔵庫で冷やす。❸こんにゃくに松葉串（松葉に模した串）を打って器に盛り、南蛮みそを塗る。

第3章
毎日のおかず

おかず

理由がわかればもっとおいしくなる「調味料の法則」

ばぁばが子育てもひと段落し、ご近所の奥様たちに請われて自宅でお料理教室を始めたのが40代。お引っ越しで場所は変わりながらも、月に一度、約10日間連続で開講しております「鈴木登紀子料理教室」は半世紀を超えました。

一般的なお料理教室とは違い、ばぁばのお稽古では生徒さんが包丁を握ることはありません。あらかじめ材料と作り方を書いたものをお渡しし、目の前で私が下ごしらえのコツなど、おしゃべりを交えながらお料理を披露し、できあがったお料理を召し上がっていただく形式です。いわば『きょうの料理』の生中継ノーカットバージョンですわね。カメラはございませんので、言いたいことを言わせていただいております（笑）。

新しい生徒さんからはよく「こんなにおいしく作れる自信がありません。コツを教えてください」と聞かれます。そのたびに私は「何度も作ることですよ」とお答えします。

もちろん、何も考えずに作っていたのでは、いつまでたっても上達はしません。

新鮮な素材を見極めて選ぶこと。塩、しょうゆ、みそといった日本料理に必要な基本の調味料を揃える、おだしをきちんと取る、丁寧に下ごしらえをする、などの基本を押さえ、段取りよく手をかける練習の積み重ねで、お料理が自分のものになっていくのです。

なかでも味つけの塩梅については、試行錯誤しながら自分の勘を磨くことが非常に大事です。ばぁばの「作り方」の中には調味料の分量も記してありますが、それはあくまでも目安。端的に言えば、「鈴木登紀子がおいしいと思う味」の分量です。まずはその通りに作ってみて、「なるほど、みりんはこのぐらいで抑えたほうがおいしいのね」「わが家はもう少し甘めがいいかな」と見当をつけます。そうして何回か作っていくうちに勘どころがわかってきて、ご自分の舌を頼りに目分量で調味できるようになるのです。ひいては、ほかの調味料を加えて、ご自分だけの味を作り出せるようにもなります。

日本料理の調味には、ふたつの法則があります。

ひとつは「さしすせそ」。

ご存じの方も多いと思いますが、煮ものなどで調味料を入れる順番で、「さ」は砂糖、「し」は塩、「す」は酢、「せ」はしょうゆ（昔は〝せうゆ〟と表記したため）、「そ」はみそのことです。

砂糖は甘みをつけるだけでなく、素材をやわらかくしてほかの調味料の浸透を促進する働きがあります。ただし、分子が大きく浸透には時間がかかるため最初に入れるのです。塩は砂糖よりも早く浸透しますが、食材の水分を引き出して締める働きがあるため、砂糖より先に入れてしまうと、食材が硬くなり砂糖も浸透しにくくなってしまうのです。

酢、しょうゆ、みそはすべて発酵調味料で、熱を加えると独特の風味が飛んでしまうため後から入れます。ただし酢は、魚の生臭さを取ったり、骨つき肉の骨離れをよくしたりするためには早めに入れて煮込むのが効果的ですし、しょうゆも、味を含ませたい場合には早めに入れることもあります。

お料理に足し算はできても引き算はありません

そしてもうひとつは、「足し算はできても、引き算はできない」ということ。

調味料はいったん加えると、追加することはできても取り除くことはできません。砂糖の入れすぎならばおだしとしょうゆである程度調整はできますが、塩の入れすぎだけはもう取り返しがつきません。

また、2人分の材料表記を基に、4人分作るとします。そこで調味料も2倍にして……などもってのほかですよ。まずは1・5倍にしてみて必ず味を見て、そこから塩梅していかなくてはいけません。「塩は塩を呼ぶ」という言葉がありますが、材料に合わせて塩を倍々にしていくと、とんでもなく濃い味になってしまうのです。

調味は「味を調える」と書きます。塩、しょうゆ、みそ、お砂糖と、それだけで味が決まってしまう調味料は、最初は少なめに入れることを心に留めてください。そして必ず味を見て、もの足りないようならまた少し加えてください。何度も味を見て味を調えていくことを厭わないこと。それが、お料理上手になる近道ですよ。

ところで「さしすせそ」には入っていないのですが、日本酒とみりんも日本料理には欠かせない必需品です。味つけの順番としてはどちらも先に入れるので、「さ」は砂糖＋酒と覚えておいてもよろしいわね。日本酒は、お魚やお肉のクセを和らげ、お野菜でも、たとえばきのこ類にひとふりしますと、香りも風味も格段に上がります。

イクラやたらこなど、塩気のきついものも日本酒で洗ってみてください。味が穏やかになり風味も上がって一石二鳥です。焼きもの、とくにさばやあじなどの青魚には、日本酒をひと塗りしてからグリルへ。口当たりが軽やかになりますし、魚の煮ものに使えば、よい照りもつきます。私はお酒をたしなみませんが、飲み過ぎなければ、お酒は心身を活性化してくれる良薬とか。お魚やお肉にとっても同じことが言えるのでしょう。とはいえ、すでに成仏なさったあとなので、その心持ちまでは計りようがありませんが（笑）。

それから、魚のムニエルやパスタのホワイトソース、マッシュポテト（作り方は63ページ）、パンケーキなどでバターを使いますね。安くないものですから、「もったいない」と気持ちが動くのはわかりますが、ここでケチりますと、せっかくのごちそうも寂しい一品になってしまいます。バターをたっぷり入れて、弱火でゆるゆると作ったスクランブルエッグ（作り方は159ページ）はもう幸せそのものです。

緊急事態のときに役立つ日本酒

「味の足し算はできても引き算はできない」のが基本だが、煮ものが修正可能な程度の「濃すぎ」なら日本酒を少し加えるとやや薄まる。水で薄めるのはNG。

和食の献立は一汁二菜、一汁三菜が基本

〝汁〟は汁もの、〝菜〟はおかずのこと。一汁二菜といえば、汁ものが一品におかずが二品、これにご飯と香のものがついて〝膳〟となるのです。
「おかずにも決まりがあり、二菜は煮ものと焼きもののどちらかと和えもの、三菜は煮もの、焼きもの、そして和えものとなります。焼きものを揚げものにしたり、和えものをサラダに変えてもよろしいの。ただし、煮ものばかり二品……とはならないように」（ばぁば）
穀物、肉、魚、野菜と自然とバランスよく考えられた「一汁二菜」「一汁三菜」は、今こそ再評価したい日本人の知恵の賜物です。

和食の基本構成

基本

煮もの

おもに肉か魚を煮た主菜。肉じゃが、煮魚などのほか、２種類以上の食材を盛り合わせたり炊き合わせたりしたもの。煮ものか焼きもののどちらか一品に和えもの一品で「一汁二菜」の二菜となる。

応用

蒸しもの

煮ものを応用して蒸した主菜。蒸しものは成分の変化が煮ものに近い。茶碗蒸しやかぶら蒸し、あるいはえびのしんじょなど。

和えもの

×××××

おもに野菜、魚介が主役の副菜。食材を下処理したあと、和え衣で和える料理で、ほうれん草のごま和えや酢のものなど。「一汁二菜」の二菜の中の一品に入る。

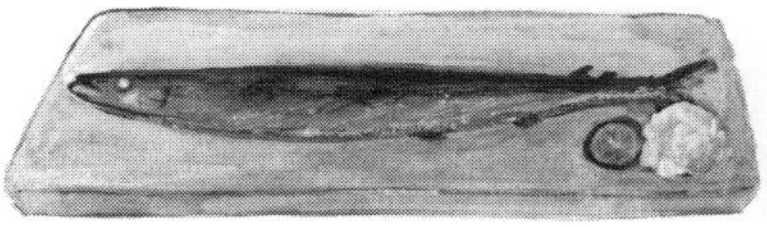

焼きもの

×××××

おもに肉か魚を焼いた主菜。焼き魚、ステーキなど。煮ものか焼きもののどちらか一品に和えもの一品で「一汁二菜」の二菜となる。

サラダ

×××××

現代の食卓では、和えものの代わりにサラダでも。和風サラダやマリネなど。

揚げもの

×××××

おもに肉か魚を油で揚げた主菜。大きく分けるとそのまま揚げる「素揚げ」と衣をつける「衣揚げ」がある。天ぷら、とんかつ、唐揚げなど。

煮もの

煮ものは、ひとつひとつ丁寧な下ごしらえの集大成です

「調味料がなかなかしみ込まない」「煮崩れする」「仕上がりの色がよくない」……。

煮ものほど誤解の多いお料理はないと、ばぁばは思います。おそらくは、調味と煮加減に苦心する方が多いのだと思いますが、煮ものの神髄はそれ以前、すなわち、下ごしらえにどれだけ手をかけるかにあります。

下ごしらえの頁（40ページ）の繰り返しになってしまいますが、お野菜は必ず水に放す、下ゆでするなどしてアクを抜くこと、そして、隠し包丁や面取りをすること。同じ野菜でも、下ごしらえの方法はそれぞれ違います。3種類の野菜を使うなら3通りの下ごしらえがあるということ。必ず別々に扱ってください。

たとえば、大根は切り分けてから皮をぐるむきしますが、さといもは天地を落として下から上にむき上げますし、じゃがいもは丸のまま皮をむくのではなく、四つ割りなど切ってから皮をむくと凸凹のないきれいな表面になります。

「目で食べる」とも言われる日本料理は、見た目の美しさも味のうち。隠し包丁は、材料

の表面積を広げて火の通りや調味料の浸透をよくするためのもので、火の通りにくい野菜や魚に用います。煮魚や焼き魚では、表面の皮目に×（バツ）や等間隔に浅く切り込みを入れます。熱で皮が縮むのを防ぎ、味もしみやすくなるためです。

にんじんや大根、かぼちゃなどの切り口の角を包丁でむいておけば（面取り）、煮崩れを防いでくれ、口当たりも断然よくなります。ちなみにかぼちゃは、面取りのついでに皮の部分もところどころ包丁で薄くむき取っておきましょう。こうすると火の通りがよくなりますからね。

ということで、煮ものは、下ごしらえの集大成なんですね。

アク取りは〝手間〟ではなく〝お世話〟すべきプロセスです

さて、下ごしらえが終わりました。いよいよお鍋で煮ていくわけですが、調味は前述しましたように「さしすせそ」を基本に、食材の性質や煮もののタイプに応じて塩梅します。

魚の煮つけに関して言えば、さばのみそ煮やあら煮などは味がしみ込みにくいので「さしすせそ」の順でじんわり、じっくりと味を入れていきますが、かれいや金目鯛、きんきなど味がしみやすいお魚の場合は、あらかじめ必要な調味料を合わせた煮汁に魚を入れて火にかけてさっと早煮をしてください。

火加減は煮立つまでは強火、あとは弱めの中火に落とします。ちょうど、お鍋の中がつ

酒やみりんを「煮きる」

「煮きる」とは、酒やみりんを煮立ててアルコール分を蒸発させること。調味に不要なアルコールの臭いを除くために行われ、煮もの料理でよく使われるやり方。

甘みは砂糖？みりん？

甘みをしっかりつけ、肉などをやわらかくする砂糖は、すきやきやかぼちゃの煮もの向き。一方、まろやかな甘みで風味もあるみりんは、照りを出す料理や煮魚などに。両方一緒に使ったり、砂糖の代用としてみりんを使ったり、みりんの代わりに砂糖とお酒を使ったりしても。

煮ものは「鍋返し」を

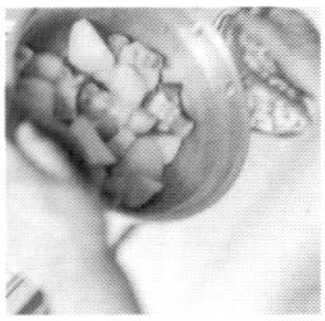

菜箸や木べらで混ぜると崩れやすい料理は、鍋底からひっくり返す「鍋返し」をして、全体を混ぜる。調味料や煮汁が全体に行き渡り、焦げつきを防ぐ。

最後に「粗熱を取る」

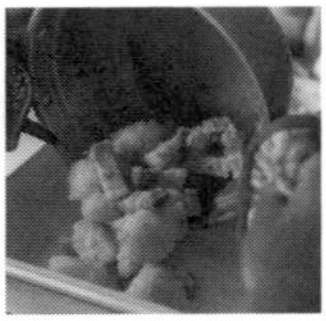

肉じゃがなど具材が多い煮ものはバットに広げて粗熱を取って、一旦冷ます。これは、より味がしみておいしくなるから。煮ものに限らず、熱々の状態で崩れやすいとき、水分が多くてべちゃっとしやすい料理に効果的。

ねにフツフツとしている状態ですね。これを維持します。弱火にしてはダメよ。それこそ煮え切らずに、煮崩れのもとになりますからね。

そして、ここからが正念場。どんどん出てくるアクとの闘いです。

アク取りには、網じゃくし（お玉でもよい）と水を張ったボウルをご用意ください。アクは自然に一か所に集まりますから、それを網じゃくしの底で鍋の縁側にそっと押しやってすくい取ります。それをボウルの水に浸けますと、アクが水に落ち、網じゃくしもすっきりきれい。すぐにお鍋にもどって、にっくきアクを退治することができます。アク取りを〝手間〟ととらえると、「だから煮ものは面倒」という結論になりますが、これは煮ものには不可欠なプロセス。「おいしい！」と頬張るご家族の笑顔を思い浮かべながら、鍋の中でおいしくなっていくおいもや大根の〝お世話をしている〟と考えてください。

食材がおいしく煮上がりましたら、お煮しめのようにそのまましばらく鍋においてさらに味を含ませるもの、肉じゃがのように火から下ろしてすぐにバットにあけ、粗熱を取ったり、冷ましてからいただいたりするものとがあります。いずれにしましても、煮ものは冷めながら味がしみていきますから、粗熱が取れ、煮ものがほどよく落ち着いたところで食卓へ。あまったからと、鍋に入れっぱなしで保存してはいけませんよ。保存容器に移し、必ず冷蔵庫に入れてくださいね。

煮ものの基本3か条

その1 調味料は「さしすせそ」の順番に

塩気のあるしょうゆやみそを先に入れると、肉や魚の身が縮まって砂糖がしみにくくなり、甘みがつきにくくなります。調味料は(さ)とう、(し)お、(す)(酢)、せ((せ)うゆ→しょうゆ)、み(そ)の順で加えること。とくに味の濃いしょうゆやみそは、味を見ながら最後に少しずつ。

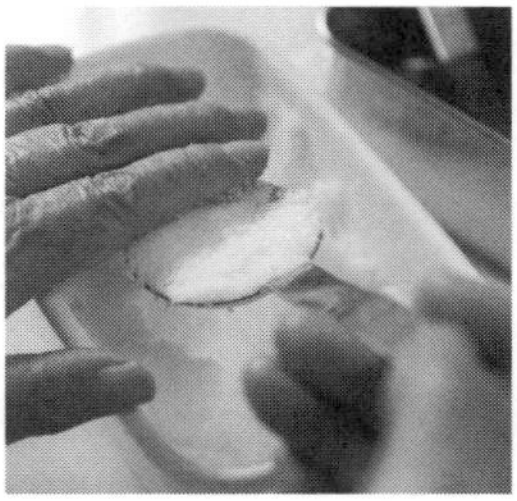

Point まずは砂糖を入れて甘みをつけて。味の濃いしょうゆは最後です。

その2 煮汁が煮立ってから魚を加える

野菜は最初から入れてよい場合もありますが、魚は必ず煮汁が煮立ってから入れ、表面のたんぱく質を固め、うまみを閉じ込めます。冷たいうちに入れると、魚のクセが出て生臭くなり、うまみも溶け出してしまうので注意。

Point 熱い煮汁をかけて、表面のたんぱく質を固めます。

その3 落とし蓋をして少なめの煮汁で煮る

含め煮などは煮汁を多めにしますが、そのほかの煮ものはひたひたぐらいからかぶるくらいまでの煮汁で、全体に煮汁が回るように落とし蓋をして加熱します。アクを丹念に取ることも、おいしく仕上げる秘訣。

Point 落とし蓋はクッキングシートやアルミ箔でも。

ご飯によく合う煮ものは家族の食卓の定番です

「〝おふくろの味〟と聞いて、たいていの方が思い浮かべるのが煮ものではないかしら。こっくり、しかしサッパリと上品な味わいの煮ものは、丁寧な下ごしらえと入念なアク抜き、慎重な味つけにあります。また火加減にもご注意を。『急いては〝煮もの〟をし損じる』ですよ」（ばぁば）

ばぁばの定番煮ものメニュー

●さばのみそ煮　＊4人分

❶さば1尾は三枚におろしてそれぞれふたつに切り、包丁を立てて背に十文字の切り目を入れる。❷鍋にだしか水1½カップを入れて火にかける。煮立ったら酒大さじ2、砂糖大さじ3を加える。❸皮目を上にしてさばを入れ、3〜4分煮る。しょうゆ大さじ2とみりん大さじ1を回し入れ、煮汁をさばに回しかけながら強火で煮る。❹薄切りにしたしょうが1片を散らして中火にし、落とし蓋かアルミ箔をかぶせて5〜6分煮る。❺鍋を少し傾けてみそ大さじ2を溶かし、弱火でとろりとするまで煮る。

●鶏の煮おろし　＊4人分

❶大根15㎝はおろし器（あれば鬼おろし）でおろす。❷鶏もも肉300gはひと口大の薄いそぎ切りにし、ガーゼで包んだかたくり粉をはたく。❸鍋にだし1カップ、みりん大さじ3、薄口しょうゆ大さじ2、塩・赤唐辛子（小口切り）各少量を入れて弱火にかける。❹フライパンにサラダ油大さじ4をなじませて鶏肉を入れ、八分通り火が通ったら③の鍋に入れる。ひと煮立ちさせ、大根おろしを加えてすぐに火を止める。器に盛り、細ねぎ（小口切り）適量を散らす。

●いか大根　＊4人分

❶いか（中）2杯は下処理をして、胴体は1・5㎝の輪切り、えんぺらは4等分、足は先を少し切って2本ずつに切り分ける。❷大根1kg（大きい大根½本ぐらい）は皮をむいて大きめのそぎ切りにし、水に放してから水を切る。❸鍋に大根といかを入れ、水3カップ、酒・砂糖・みりん各大さじ4、しょうゆ大さじ5、塩少量を加えて強火にかける。煮立ったら、落とし蓋をして、強めの中火で煮汁がなくなるまで煮、ゆずの皮少量を散らす。

ひたひたの水、かぶるくらいの水

ゆでたり煮たりするときの水の分量のこと。

〈ひたひた〉鍋の中の材料が、水から少し顔を出すくらいの水の量のこと。煮崩れしやすいものはひたひたの量で。

〈かぶるくらい〉鍋の中の材料が、ちょうど隠れるくらいの水の量で、ひたひたより多め。じゃがいもや煮豆のときに。

アク取りは丁寧に

おいしさの秘訣は、とにかく「丁寧に」。最近の食材はアクやクセが少なくなっているとはいえ、こまめにアク取り（アク引き）はしたいもの。表面に浮き出てきた濁りや泡を丁寧にすくって。味にも見た目にも差が出る。

●金目鯛の早煮（料理11ページ）

＊4人分

❶金目鯛2尾はうろこを取ってえらを除き、裏側の胸びれの下から腹わたを引き出し、三枚におろす。皮目に切り目を入れる。❷鍋に昆布の水だし2カップ、酒大さじ3、砂糖大さじ½、みりん大さじ2、しょうゆ大さじ3½を入れて煮立て、皮目を上にして金目鯛を並べ入れる。❸煮汁をすくって3〜4回、まんべんなく回しかけて皮目の身を固める。アルミ箔の落とし蓋をして中火で7〜8分煮る。ゆでてきつく絞ったほうれん草を添える。

皮目に忍び包丁を入れる。魚はかれいにしても。

●じゃがいものハイカラ煮

＊4人分

❶男爵いも4個は4つに切って皮をむき、水にさらしてざるに上げる。ベーコンブロック200gは1cm厚さに切る。❷厚手の鍋にサラダ油大さじ½を入れて熱し、ぬれ布巾に鍋底をのせて冷ます。鍋にベーコンを入れ、中火で焼き脂分を出す。❸鍋の脂分を拭き取り、じゃがいも、ベーコンを入れ、水2カップ、酒大さじ3、塩小さじ½を加えて強火にかける。煮立ったら強めの中火にし、落とし蓋をしてじゃがいもがやわらかくなるまで煮る。途中で鍋返しをし、さらに鍋をゆすって粉ふきにする。❹器に盛り、かいわれ大根を散らす。

粉がふいたように仕上げて。

●金時豆の煮豆

＊作りやすい量

❶金時豆2カップは水洗いし、8カップの水にひと晩浸けてもどす。❷金時豆を浸け汁ごと火にかけ、煮立ったら½カップの差し水を3回繰り返して加え、弱火にしてアクを取りながら40〜60分煮る。❸豆がやわらかくなったら砂糖2カップを加えて弱火で20分煮、しょうゆ大さじ1を加えてひと煮して火を止める。1日おくと味がしみておいしくなる。

差し水をすることで豆のしわを防ぐ効果があるので、丁寧に。

蒸しもの

材料の風味、うまみをそのまま生かすのが、蒸しものの特長です

家庭の蒸しものといえば、やはりまっ先に思い浮かべるのは茶碗蒸しかと思います。卵とおだしが絶妙に調和したやさしいお味と口当たりは、いついただいてもほっとします。宝探しのような、隠れた具材もお楽しみ。茶碗蒸しの蓋を開けるときに、目はキラキラ、口元はニコニコと、子供も大人もまったく同じになるのが不思議です（笑）。格段に特別な具材が入っているわけでもないのに、みんながワクワクとするのはきっと、手間と時間をかけて作ったことがわかるからではないかと思います。小さな茶碗に、妻、母の心を感じ取るのではないかしら。

ばぁばも子供たちが小さいころは、よく茶碗蒸し（作り方は97ページ）を作りました。ときには大きな鉢で具だくさんの「大茶碗蒸し」にし、大歓声とともに迎えられたものです。1人分ずつ作るよりも時間はかかりますが、その間にもう一品おかずを用意できますし、器にたっぷり取り分け、家族揃ってフウフウ言いながらいただくのはなかなか乙《おつ》なもの。大鉢の存在感に負けないよう、ほとんど蒸し上がったところで、あらかじめ残してお

いた具と卵液を表面に流して固めます。こうすることで具材がちゃんと目に見え、華やかさを演出できます。

また、鶏肉やえびなど動物性たんぱく質の代わりに絹ごし豆腐を入れて仕上げる「空也蒸し」（平安中期に実在した高僧・空也の弟子が考案、作り方は171ページ）も、体調が優れないときや食欲のないときにおすすめですよ。

茶碗蒸しに限らず、蒸しもののいいところは、材料のうまみを外に逃がさず、ぎゅっと閉じ込めるところ。ヘルシー志向の現代にもっと多用したい調理法です。料理をするときに大事なことは、高温に熱し、たっぷりと蒸気が上がった蒸し器に入れること。お料理や材料に適した火加減で蒸し上げていきますよ。最初から低温でじわじわ蒸しますと、うまみがなくなり、魚の場合は生臭くなることもありますので、ご注意を。

昔懐かしい自家製「なまり節」。日本のいい料理文化も取り入れましょう

海風が肌寒く感じられるようになる秋口、ばぁばの故郷である青森・八戸では脂ののった「もどりがつお」が水揚げの最盛期を迎えます。ばぁばが子供のころは、母が丸々と太ったかつおを一本買いして、まずは銀皮づくり（刺身）で楽しみ、次にたたき、さらに蒸してなまり節にし、血合いやハラスも甘辛く炊いたり、煮ものやお椀にしたりと、あます

ことなく使い切っていました。昔のお母さんは本当にお見事。なにひとつ無駄にしなかったのです。当然のように食品ロスのない調理をつねとしていたわけです。

さて、ばぁばは、かつおの中でも大きなせいろで蒸したなまり節が大好きでした。蒸し上がりの熱々を大根おろしとしょうがじょうゆで頬張りますと、かつおのうまみ、甘みが口の中いっぱいに広がって、「なんておいしいの!」と感動したことを覚えています。

今でも、かつおの季節になりますと、ばぁばは新鮮な刺身用のかつおをなまり節にします（作り方は98ページ）。作り方はとっても簡単で保存がききますし、いろいろなお料理に応用できます。皆さんがよく使うツナ缶と思えば、使い方も想像ができますでしょう?

気をつけていただきたいのは、かつおが新鮮なうちになまり節にすること。かつおは足が早く臭みも出やすいため、購入したらすぐさま蒸すことが肝要です。せいろはできれば、竹製のものが好ましいですね。お魚は竹のせいろで蒸すと、うまみはそのままに臭みや水気がよい塩梅に抜け、ふんわりと仕上がります。

蒸し上がりをばぁばのように頬張ったら、残りは冷めるのを待って指先で大ぶりに裂きます。見栄えも料理のうちですよ。なまり節を裂くときは、わが身を裂かれる思いで、丁寧にやさしくね。

扱いが簡単な中華風せいろ

竹製の中華風せいろは余分な蒸気が抜けるので、中の温度が適温に調整され、水滴が落ちることがない。金属製の蒸し器を使う場合は、水滴が落ちないように乾いた布巾を蓋の下に挟み、外側には垂れないようにする。

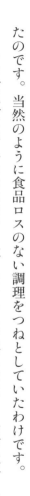

蒸しものの基本2か条

その1

材料に応じて火加減を調整

茶碗蒸しなど卵を使う料理に強火は禁物です。最初の1分強火、あとは弱めの中火。強火だと膨らんだり、スが入ったり、分離してしまいます。魚は火が強すぎると身が割れるので、強めの中火を基本にします。かぼちゃやさつまいもは、強火で一気に蒸すとホクホクに。肉、赤飯、酒蒸しなども強火です。

その2

蒸気がもうもうと上がった蒸し器に入れる

蒸しものは、しっかり蒸気の立った高温の中に入れて、素早く表面を固めることが大事。低温からじわじわ蒸すとうまみがなくなります。見た目も悪くなり、魚の場合は生臭くなることも。十分に蒸気が上がってから入れるようにしましょう。

蒸しものの代表メニュー

●茶碗蒸し ＊4人分

❶卵3個を割りほぐして、調味料（だし汁は卵の3倍量・約2½カップ、酒・薄口しょうゆ・塩各小さじ1）とよく混ぜ卵液を作る。❷1度漉してから、具（水洗いして酒小さじ1をふった小柱120g）の¼量を入れた茶碗に①を八分目まで注ぐ。❸湯気の上がった蒸し器に入れて、初めは強火で1分、あとは弱火で約15分蒸す。❹残りの小柱と卵液をそっと加えて、弱火で3～4分蒸し、竹串で刺して澄んだ汁が出てきたらできあがり。三つ葉などを散らす。＊ご家庭向けなら、二度蒸しせず、具をすべて入れて一度蒸しでも。

Point
卵1に対して、だし汁3と覚えれば人数に関係なく作れますね。表面に泡が立ったら、つぶすかすくい取ります。

蒸すだけ！ スローライフな自家製「なまり節」のススメ

かつおが旬を迎える初夏、新鮮なものを見つけたら、迷わずいちばん大きいのをお求めください。まずはお刺身で食べて、残りは蒸してなまり節に。これぞ、今こそ試してほしい自家製ツナ作りです。

「なまり節って何？と、このごろは驚く方もいらっしゃるでしょうね。酢のものや手こね寿司など、いろいろ楽しんでください。冷蔵庫で４〜５日は保存できます」（ばぁば）

「なまり節」＝“手作りツナ”

① かつおのさくを蒸し器へ

新鮮な刺身用のかつおのさく2本（約200g）に塩少量、酒大さじ3をふり、皮目を上にして蒸し器に入れる。

② 蒸す

小ぶりなものなら20分、大きめなら30分蒸す。

③ 蒸し上がり

蒸すことでうまみが凝縮され、脂の少ない初夏のかつおもパサつくことがない。

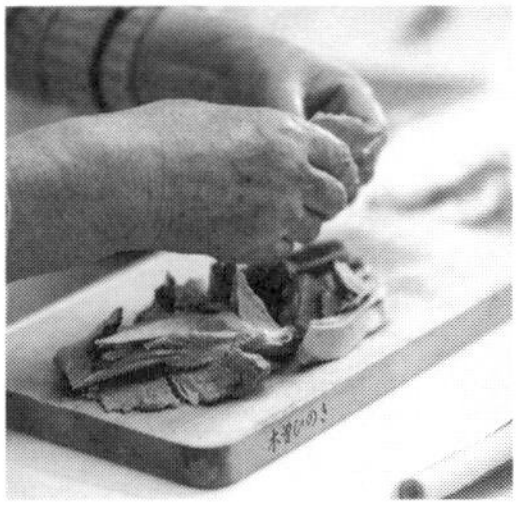

④ 身を裂く

「蒸し上がったら、熱々を大根おろしとしょうがじょうゆで召し上がれ。格別のおいしさよ」（ばぁば）あとは冷めるのを待って、手で大ぶりに裂く。

なまり節で3段活用メニュー

＊すべて作りやすい量

●みょうがとわかめの酢のもの（料理68ページ）

❶みょうが3本は根の部分を切って縦に2等分してから薄切りに。氷水に放して水気を切る。水でもどしたわかめ20gはひと口大に切る。❷ボウルにだし大さじ3、酢大さじ2、薄口しょうゆ大さじ1、塩少量を合わせて混ぜておく。❸別のボウルに、手で裂いたなまり節200gと①を合わせ、菜箸と手でざっくりと混ぜる。❹器に③を盛りつけ②をかける。千切りにして氷水に放し、絞った大葉2枚を天盛りにする。

なまり節は大ぶりに裂いて、材料とざっくり混ぜるだけ。

●にんにくじょうゆ和え（料理68ページ）

❶にんにくひと片は皮をむき、芽を除いて千切りにする。薄口しょうゆ大さじ1と合わせておく。❷きゅうり1本は薄切りにして立て塩（3％濃度の塩水につける）でしんなりさせ、水気を絞る。ラディッシュ½個は薄切りにして氷水に放し、水気を絞る。❸ボウルになまり節200g、きゅうりとラディッシュを入れ、菜箸と手でざっくりと混ぜる。①のにんにくじょうゆをかけ、白ごま少量をふってさっと混ぜる。器に盛り、ラディッシュを見栄えよくあしらう。

いつものツナ缶代わりに使って。

●手こね寿司

❶米2カップは炊く1時間前に水加減をしておき、普通に炊く。炊き上がったら飯台にあけ、酢大さじ1としょうがのみじん切り大さじ3を散らす。❷手で裂いたなまり節200gを入れ、しょうゆ大さじ3を加えて、しゃもじでご飯の上下を返しながら混ぜる。なまり節を崩しすぎないよう、ざっくりと混ぜるのがポイント。❸いりごま大さじ4、もみのり適量を加えてさらに混ぜ、器に盛る。

Point
手こね寿司はちらし寿司の一種。なまり節を新鮮ないわしに代えてもおいしいですよ。

焼きもの

一汁二菜、一汁三菜のメイン、それが焼きものです

会席料理では、焼きものは献立のハイライトです。お魚にしてもお肉にしても、素材の質、鮮度、料理人の腕がストレートに出ますから、もっとも日本料理らしいお料理といっても過言ではありません。皆さんのご家庭でも、ひんぱんに登場するのがお魚やお肉の焼きものではないでしょうか。もちろん、家庭ではそこまで厳密にこだわる必要はありませんが、お魚はなるべく新鮮なものを選び、内臓の処理など下ごしらえを手早くすませ、キッチンペーパーなどで水気をよく拭き取ります。

そうそう、煮魚のときと同じように、皮目に切り込みを入れることもお忘れなく。魚の皮には厚みはありませんが案外と硬いので、切り込みを入れておかないとさらに縮んで硬くなったり、火の通りも悪くなります。一文字でも十文字でもバッテンでも結構です。それから下ごしらえの頁で説明した「尺塩」（55ページ）もしてくださいね。魚にまんべんなく塩をふると、焼き上がりも美しくなります。この尺塩が上手にできるようになったら、自慢してよろしいと思います（笑）。

切り身魚でも尾頭つきの魚でも、通常は「焼く直前に塩をふる」のが基本です。ただし、脂のよくのったさんまやいわし、さば、ぶりなどの青魚は、焼く30分から1時間前と覚えてください。脂が強い魚は塩が効きにくく、焼く直前では塩が上手に回らず、うまみも引き出されないからです。

さて、さんまを焼いてみましょうか。

網にさんまを並べます。さあ、ここが肝心です。さんまの頭はどちらを向いていますか？

一尾づけの魚は、盛り方を知らずに焼いても意味がありません。必ず左に頭、右に尾、腹を手前にするのが、左を上位と考える日本料理のしきたりです。切り身であれば皮が向こう側へいくように盛りつけ、あじの開きなどは皮を表にして盛るのが作法ですが、食べやすいように身を上にしてお出ししてもかまいません。

これを念頭に、器に盛ったとき上になるほう、つまりさんまでしたら頭が左になる面を最初に焼きます。あとから焼く面は脂がにじんだり、落ちた脂が燃えてきれいに焼き上がらないのがつねだからです。

魚のちょうどいい焼き加減は？

尾頭つきの魚は、焼きごろがわかりにくいもの。皮目に脂がじゅわじゅわと出て、皮がこんがりしたら、ちょうどいいサイン。

鶏肉は皮目から焼く

皮のある鶏もも肉などを焼くときは、皮目のほうからじっくり焼くと、皮の縮みを和らげ、余分な脂を落としてパリパリに仕上げることができる。身のほうから焼くと、時間がかかり硬くなりやすい。

お肉はシンプルにいただくのが、いちばんおいしい

お料理教室では、毎月、その季節ならではの味覚を大切にしたお献立をご紹介しておりますが、食事は毎日のことですから、旬にこだわらない〝時季しらず〟のお料理も必要に

なってまいります。

お肉料理では、生徒さんたちに好評なのがばぁば風「牛のたたき」（作り方は105ページ）です。かたまり肉を使いフライパンで作るシンプルな一品で、輸入肉でもおいしくできます。冷蔵庫で3日ほどは保存できますし、たとえば、かたまり肉を2本用意して、レアとミディアムというふうに焼き具合を変えて冷凍しておきますと、お弁当にも、不意のお客様のときにも重宝します。

食べ盛りのお子さんがいるご家庭でしたら、「豚肉のしょうが焼き」（作り方は105ページ）は定番メニューのひとつになっているかもしれませんね。じつは、簡単なようで油断すると取り返しがつかない、意外に繊細な焼きものなのです。もしも「つけだれはそんなにしょっぱくないのに、焼き上がると味が濃すぎる」とお悩みでしたら、それはつけだれに長時間漬けすぎているせいです。薄切り肉は調味料がしみ込みやすく、長い間おいておくと、おしょうゆが入りすぎてしょっぱくなってしまうのです。つけだれには10分ほど漬ければ十分。

つけ合わせも大切です。肉や魚の脂分をさっぱりさせる南蛮酢などの和えものがおすすめ。よいお口直しになりますよ。

肉は焼く前に常温にもどす

ステーキ肉や鶏のウィングなど肉厚なものは、焼く1～2時間前に冷蔵庫から出して常温にしておくこと。食べるときに肉の中心部が冷たい、生焼きということを防ぐため。

ステーキ肉の焼き時間の目安

【サーロイン】筋切りをし、焼く直前に塩こしょうする。片面を強火で1分、弱火で1～2分焼く。裏面を強火で30秒、弱火で2～3分焼く。火を止めてアルミ箔をかぶせ、4～5分予熱で蒸し焼きにする。

【フィレ】ミディアムレアは片面を強火で1分、弱火で1分、裏面を強火で30秒、弱火で1分半から2分焼く。ミディアムは片面を強火で1分、弱火で2分、裏面を強火で30秒、弱火で2～3分焼く。

焼きものの基本4か条

その1

オーブンで焼くとおいしい

魚を焼くときは「遠火の直火」が基本。グリルや焼き網よりもオーブンのほうがうまく焼けます。とくに切り身はふっくらとなります。グリルで焼くなら、小さな穴をあけたアルミ箔をかぶせれば焦げつきを防げます。油をひいたフライパンで焼いても。ハンバーグなどの肉料理もオーブンのほうがフライパンよりふっくら仕上がります。上下同時に加熱するので、返す必要もありません。オーブンは必ず予熱をし、最初は高温で、焼き色がついたらやや弱めて。調整機能がない場合、真っ黒に焦げてしまうことを避けるため、途中でアルミ箔をかぶせても。

その2

表になるほうを上にして焼く

こんがりとした焼き目も、焼きもののおいしさのうち。魚も肉もきれいな焼き目がつくよう、オーブンの場合は最初に表になるほうを上にして焼きます。グリルなら六分がた火が通ったところで（表面に脂が出てきた感じ）返して裏側を焼く。焼き網なら、表になるほうを先に下にしてきれいな焼き色に。

Point
魚の身はとてもデリケート。グリルや焼き網で返すのは一度だけに。

その3

ステーキなどは強火で短時間加熱

ステーキ肉などの肉汁を逃さずおいしくいただくには、まず強火で表面を一気に加熱しておいしそうな焼き色をつけ、たんぱく質を固めてしまいます。それから火を弱めて好みの焼き加減に調整します。

その4

余熱で火を通す

火を止めても、熱をもった肉や魚は加熱が進みます。焼いたあとに少しそのままにしたり、アルミ箔で包んで保温したりすると、中心までゆっくり加熱され、うまみもキープしたままやわらかく、ちょうどいい焼き加減にすることができます。

「焼くだけ」だからこそ、素材の鮮度が大事。料理の奥深きは「焼きものにあり」です

シンプルな料理法だけに、魚も肉も新鮮で質のよいものを選びたいもの。「たとえば生魚は、塩をふって焼くのがいちばんおいしいし、上等の牛ヒレ肉はやはり、塩こしょうのステーキでいただきたい。焼き加減も大事ですが、素材の持ち味そのままのおいしさを生かしたいですね。お弁当にも活躍します」（ばぁば）

ばぁばの定番焼きものメニュー

●いかの鹿の子焼き
（料理128ページ）＊2人分

❶下処理したいか1杯は、胴と足を分け、胴は縦3つに切り分ける。❷胴の表側に、厚みの半分くらいまで格子になるように細かい包丁を入れる。❸ボウルにいかを入れ、みりん大さじ4、薄口しょうゆ・サラダ油各大さじ2を加えてさっと合わせ、5分ほど味をなじませる。❹フライパンを熱し、サラダ油適量を入れて全体になじませたら火から外し、切り目を下にしていかを並べる。中火にかけ、菜箸であたりながら、くるりと丸まったら火を止める。サラダ菜適量を敷いて盛る。

●鶏の鍋照り ＊4人分

❶鶏もも肉350gは脂身を除き、縦半分に切ってそぎ切りにし、焼く直前に片栗粉をまぶす。❷フライパンを熱してサラダ油大さじ1を入れ、火から外し、鶏肉を皮目を下にして入れる。❸フライパンを火にもどし、ゆすりながら中火で焼く。焼き目がついたら返して両面に焼き目をつける。❹火を止めて酒・砂糖・しょうゆ各大さじ3、みりん大さじ2を加え、中火にもどしてフライパンをゆすりながら煮詰める。途中、2～3回、鶏肉を返す。❺煮つまってきたら、3cm長さに切ったわけぎ5本を加えさっと火を通し、バットにあけてから器に盛る。

●ぶりの塩焼き ＊4人分

❶ぶり4切れはざるに並べ、塩大さじ2を約30cmの高さからふる（尺塩）。中までしっかり塩気を含ませたい場合は、そのましばらくおく。❷天板にオーブンシートを敷いてぶりを並べ、250～300℃に温めたオーブンで6～7分焼く。きれいな焼き色がついたらアルミ箔をかぶせ、やや火を弱めてさらに5～6分焼く。❸器に盛り、大根おろしを添えてしょうゆを落とす。

鍋照りのコツ

調味料を入れるときは、火から外して焦げつきを防ぐ。とくに照りじょうゆは、焦がすと苦みが出るので注意。火加減は、調味料が泡立つ程度にして、フライパンをゆすりながら手早く絡める。脂が落ちたり煙が出たりしないばぁば流の焼き方は「台所が汚れない」と喜ばれる。ぶり、さば、飛び魚でもおいしい。

鶏肉はそぎ切りで火を通しやすく

鶏もも肉は黄色い脂肪やはみ出た皮を除くとすっきりした味に仕上がる。もも肉もささみ肉もそぎ切りにして厚みを均等にすると、火が通りやすい。

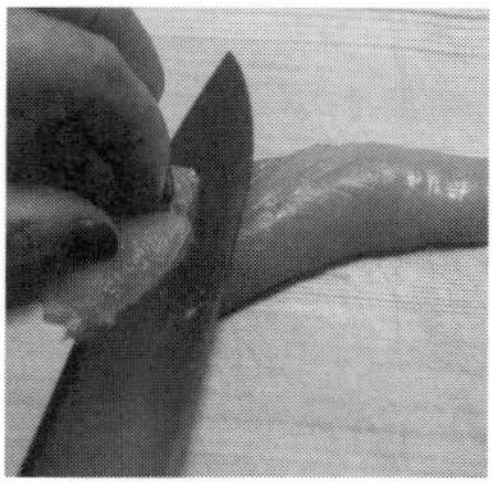

洋風の焼きものメニュー

●牛のたたき ばぁば風

＊4人分

❶牛ももかたまり肉（ほかの部位でもよい）400gは塩大さじ1をふり、手でぺたぺたたたいてなじませる。粗挽きこしょう適量を全体にふる。❷フライパンを熱し、牛肉を入れて中火で転がしながら、全体に焼き色をつける。一旦火を止め、酒・しょうゆ各大さじ3を加えて蓋をし、弱火で6～7分蒸し焼きにする。途中で一度返し、再び蓋をして焼く。❸肉をバットに取り出し、焼き汁を少し煮詰めて肉にかける。❹肉が冷めたらごく薄く切って器に盛り、おろしにんにく・しょうが各1片分、刻んだあさつき5～6本分をのせる。焼き汁をかけていただく。

食卓用にはレアで、お弁当にはミディアムで。

●鮭のムニエル

＊2人分

❶生鮭2切れは塩少量を両面にふり、5分ほどおく。ペーパータオルで水気を拭きとり、小麦粉適量をまんべんなくまぶし、余分な粉をはたいて落とす。❷フライパンにオリーブオイル大さじ1を中火で熱し、鮭の皮目を下にして入れる。焼き色がついたら返し、弱火に落とす。❸バター大さじ1を加え、さじでバターをすくってかけながら火が通るまで焼く。❹器に盛り、マッシュポテト（作り方は63ページ）、にんじんのグラッセ（6～7㎜の輪切り8枚分、ひたひたの水、バター1㎝角、塩少量を入れた小鍋で強火で煮、煮立ったら弱火にし、落とし蓋をして水分を飛ばす）を添える。

シンプルにバターの香りを楽しんでも、レモンを搾ってもおいしい。

●豚ロース肉のしょうが焼き（料理128ページ）

＊2人分

❶酒大さじ2、しょうゆ大さじ3、すりおろししょうが30gを混ぜてたれを作る。❷筋切りした豚ロース薄切り肉200gをたれに絡ませ、15分ほどなじませる。❸フライパンを熱してサラダ油少量をひき、豚肉をたれごと入れて両面に焼き目をつけて焼く。❹つけ合わせにキャベツの南蛮酢（作り方は117ページ）を添えて、皿に盛る。

●和風ステーキ（料理71ページ）

＊2人分

❶牛もも肉100g2枚は30分前に室温にもどし、両面に格子状に切り込みを入れ、塩こしょうする。❷サラダ油を熱したフライパンで肉をゆすりながら中火で焼き、焼き色がついたら返して同様に。❸火から下ろし、酒大さじ2、しょうゆ小さじ2をふる。火にもどして肉になじませ取り出し、ひと口大に切る。❹皿に盛り、汁を煮詰める。汁とバターをのせ、クレソン、大根おろし適量、マッシュポテト（作り方は63ページ）を添える。

揚げもの

揚げものは段取りが重要。熱々の揚げたてで衣はパリッと

ばぁばは、5年前から定期的に病院にお泊まりして肝臓がんの治療を続けています。また、3年前には脳梗塞、昨年は膵炎に倒れ、一時生死をさまよいました。膵炎の時は、退院してからもしばらく食欲がもどらず、「いよいよかしら……」と覚悟を決めました。

しかし、1か月後には食欲も体重もすっかり回復。おかげさまで、娘に「おかあちゃま、食べ過ぎよ」と諫められる生活にもどり元気に過ごしております。

さて、ときに、どうしても食べたくなるお料理があります。それは、天ぷら。冬場はこれにかきフライが加わります。さすがにたくさんは食べられませんが、サクッと歯ざわりのよい揚げもののおいしさは格別です。

〝天ぷら〟とは、正式には魚介を揚げたものをいい、お野菜は〝精進揚げ〟と呼ぶのが日本料理の決まりごとです。現代では、魚介と野菜をまとめて〝天ぷら〟と呼び、盛り合わせることも多いですが、本来、天ぷらと精進揚げは別々の器に盛るべきで、天つゆは天ぷらに添えるものです。

天ぷらに太い箸を使う理由は？

天ぷらの衣を作るとき、細い箸で混ぜるとグルテンが出てきて粘ってしまい、サクッとならない。太い菜箸で軽く混ぜるのがサクッと揚がるコツ。

天つゆ派？塩派？

天ぷらは天つゆ（作り方は117ページ）以外に、塩と粉山椒を同量ずつ混ぜたもの、レモンやすだちを搾ったものもさっぱりしておすすめ。野菜の精進揚げは、天つゆよりも生じょうゆのほうがおいしく、材料の持ち味も生きる。

このような決まりごとは、日本料理のルーツである古代中国の【陰】【陽】思想が土台になっています。奇数を〝表（陽）〟と定めて「吉」とし、偶数は〝裏（陰）〟と定めているため、お刺身や天ぷらは3・5・7切れ（または種）など、奇数で盛りつけるのが基本です。ご家庭では、そこまでこだわる必要はありませんが、知識として覚えておかれるとよいと思います。

天ぷら、精進揚げをサクリとおいしく揚げるには、まず旬の魚介と野菜を用意し、食べやすい大きさに切り揃えること。にんじんやごぼうは細切りやささがきにし、何本かまとめてかき揚げ風に。見栄えもよく食べやすくなります。

次に衣ですが、卵をボウルに割り入れ、菜箸で白身を切りながらよく溶きほぐします。そしてここが肝心なのですが、冷水と一緒に小さな氷を1～2個入れます。しっかり冷やすことで衣が軽やかになるのです。最後に小麦粉を加え、太い菜箸（あるいは菜箸を2膳分合わせる）でざっくりと混ぜます。くれぐれも練らないこと。少しダマが残っている状態で箸を止めます。

揚げ油ですが、ばぁばは、べに花油を使っています。これまで使った中でいちばんカラッと揚がる気がします。そのほか、一般的な油にごま油を1割程度足すのも風味がよくなります。天ぷら鍋に油をたっぷり入れて火にかけ、菜箸を入れてみて、箸先にすぐ小さな泡が立ったら適温（165～180℃）です。野菜から揚げて、最後にえびやいかなど魚介を揚げますが、一度にたくさん詰め込まないこと。天ぷらにも〝ソーシャル・ディスタンス〟が大切なのです（笑）。

水気を制す者、かきフライを制す

さて、「かきフライ」ですが、ばぁばにとっては「フライ界の女王様」です。「油はねがひどくて焦げやすいし、自分で揚げるのはちょっと……」という方が多いようですが、きちんと水気を抑え、下ごしらえをして油に入れれば、どなたでも外はサクッ、中はプリプリに揚がります（作り方は110ページ）。

大根おろしでかきをお掃除してすすいだあと、ざるに上げて水気をよく切り、キッチンペーパーを敷いたバットに並べ、上からもう1枚かぶせて軽く押さえます。ここで水気をしっかり抜くのです。それから小麦粉→溶き卵→パン粉の順で衣を着させていくのですが、パン粉は多めにご用意を。かきを包み込むようにしっかりまぶしてください。かきのヒダの中にもパン粉を入れ、衣で水分を封じ込めます。

最後に、冷蔵庫で15分ほど冷やして準備完了。冷やしながら衣をかきになじませると、カラッとおいしく揚がります。天ぷらもフライも、油に落としたら忙しなく箸で突いたりしないこと。返すのは一度に留めてくださいね。

揚げ上がりのサインを見逃さない！

【天ぷら】大きかった気泡が小さくなり、浮き上がってくる。
【とんかつ】表面がカリッときつね色になり、油の音がチリチリと高音になる。大きかった気泡が小さくなり、浮き上がってくる。
【鶏の唐揚げ】こんがりと表面がカリッとしてきて、油の音がピチピチと高い音になる。大きかった気泡が小さくなり、浮き上がってくる。

足下も忘れない、油はね防御

揚げものをするときは、足下に新聞紙を敷きつめて、油で汚れない工夫を。

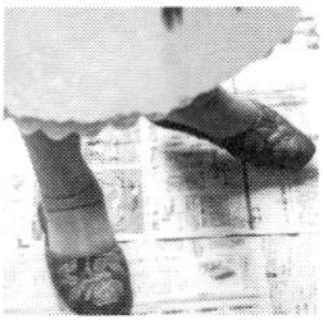

揚げものの基本4か条

その1

新鮮な材料を選び、手早く下ごしらえ

天ぷらやフライ、唐揚げに使う具材は、短時間でカラリと揚がるよう、下処理を丁寧にすることが大事です。また魚介類は油はねを抑えるため、水気をしっかり除いておくことも忘れずに。冷蔵庫で少し冷やしておくとカリッと揚がります。

その2

天ぷらの衣は冷水で。粉はだまが残る程度に

天ぷらの衣は卵汁＋水と小麦粉が同量。小麦粉の粘り（グルテン）が出るとカラリとならないので、キンと冷やした水を使い、粉はだまが残る程度に太めの菜箸で混ぜます。具材を何度もくぐらせると粘りが出てくるので、衣は２〜３回に分けて。天ぷらもフライも材料に軽く小麦粉をまぶしておくことで、衣がはがれにくくなります。

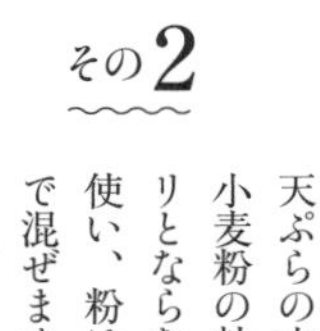

フライの小麦粉は布でくるんでポンポンはたいて。

その3

油の温度は、菜箸を入れたり衣を落として確認

天ぷら油の適温は１６５〜１８０℃。菜箸を入れたときに出てくる泡の様子で、油温を見極めます。とんかつなどフライの適温は１７０〜１８０℃で、卵でしめらせたパン粉を落として調べます。

〈天ぷら〉

- 菜箸の先に泡が立たない→低すぎる（〜140℃）
- すぐに菜箸の先に小さな泡が立つ→適温（165〜180℃）
- 菜箸の先にわっと急に泡がつく→高すぎる（185℃〜）

〈フライ〉

- パン粉が鍋の中程まで沈んでから浮き上がり、すぐパッと広がる（170〜180℃）

その4

野菜が先。少量ずつ揚げる

野菜の精進揚げの適温は１７０〜１８０℃。魚介の天ぷらは１８０℃なので、先に野菜を揚げ、魚介はあとから揚げます。一度にたくさん揚げると温度が下がるので、少しずつ鍋の手前からそうっと放します。フライは、最初は〝ジュッ〟と音がするような高温で揚げ、外側を固めてから中火に落として、じっくり揚げます。こうすると肉汁を中に閉じ込めて、外はサクサク、中はジューシーにやわらかく仕上がります。

Point　天ぷらは具の水分を飛ばすようにゆっくりと揚げて。

揚げものはサクッとした口あたりで熱々をいただけるよう段取ります

「かきのいちばんおいしい食べ方はフライだと思います。ぷっくりミルク色に輝くかきは冬のごちそう。このうまみを衣でギュッと閉じ込めたフライはばぁばのアイドルなの」（ばぁば）フライも天ぷらも、水気を抑え、丁寧に下ごしらえすれば、カラリと揚がります。

フライの作り方

Point パン粉はたっぷりと。

●かきフライ

（料理123ページ）　＊4人分

❶ 大根おろしでもみ洗い

大根おろし1カップでかき20個をもみ洗いし、目ざるに入れてふり洗いして汚れを落とす。水気を切ってバットに並べ、軽く塩こしょうする。

❷ 小麦粉をつける

小麦粉をつけ、余分な粉をはたいておく。

❸ 卵汁につける

卵2個に少量の牛乳を加えてよく溶きほぐした卵汁の中で、ゆらりと泳がせる。

❹ パン粉をつける

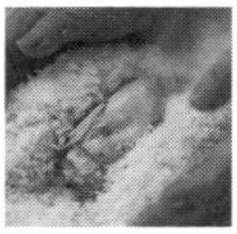

かきを包み込むようにひだの中までパン粉をまぶし、さらに上からパン粉で覆う。

❺ 170〜180℃で揚げる

揚げ油は新しいものを用意。一粒ずつそっと油の中に落とす。箸で突いたり忙しなく返したりしないこと。

❻ 油を切る

かきにこんがりと色がついたら一度返し、黄金色になるのを待って油を切る。

ばぁばの揚げもの定番メニュー

●ばぁばのみそかつ丼

（料理125ページ）＊4人分

❶豚ロース4枚（1枚約150g）は筋切りをし、軽く塩こしょうする。小麦粉適量をまぶし、溶き卵（3個分）、パン粉の順につけてバットに並べ、冷蔵庫で10分ほどおく。❷塩ゆでし冷水にとった小松菜½把はきつく絞って2㎝長さに切り、薄口しょうゆ小さじ1をふっておく。❸180℃に熱した油に①のロース肉をゆっくりと入れ、1〜2分ほど待って中火に落とす。じっくり火を通して一度表裏を返し、3〜4分かけて揚がったら熱いうちに食べよい大きさに切る。❹丼にご飯を盛り、小松菜を敷き、とんかつを盛る。熱々のみそだれ（作り方は120ページ）をかけ、好みで七味唐辛子、粉山椒をふる。

Point 揚げる前に冷蔵庫で寝かせるとサクサクに！

天ぷらの作り方

● 野菜の精進揚げ

（料理124ページ）　＊4人分

❶ 衣を冷やしながら作る

よく溶きほぐした卵1個に対し、冷水1カップ、氷（小）1〜2個を入れる。

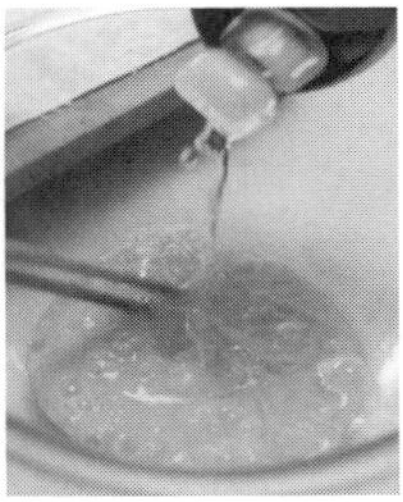

❷ 小麦粉を加える

小麦粉1カップを加えて太い菜箸（あるいは菜箸を2膳分合わせる）で少しだまが残る状態でさっくりと混ぜる。くれぐれも練らないこと。

❸ 野菜に粉をふる

あらかじめ切っておいた野菜をバットに並べ、小麦粉を茶漉しなどで漉しながら、全体にまぶす。

❹ 衣にくぐらせる

野菜を衣にくぐらせ、静かに揚げ油に落としていく。かき揚げの場合（ここではにんじんとごぼう）は、別の小さなボウルで衣とさっと合わせ、お玉ですくってそっと油に入れる。

❺ 170〜180℃で揚げる

揚げ油はたっぷりと用意し、適温の170℃〜180℃で、野菜を揚げる。魚介類を揚げる場合は、野菜を先に揚げてから、180℃で魚介を揚げる。

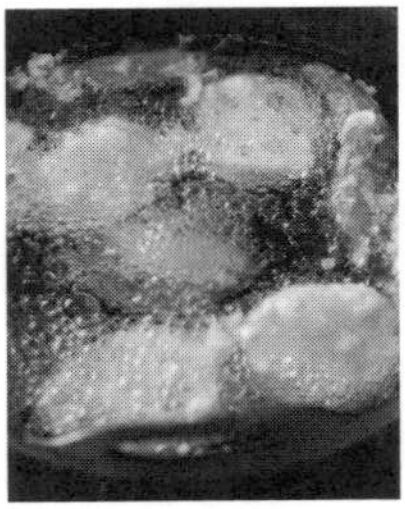

❻ 油を切る

網にあげて油切りをしっかりとしてから、器に盛る。

Point 揚げる前の下準備をしっかり

❶野菜は切ってアク抜きをしておく。れんこん、さつまいも、かぼちゃは約7㎜厚さを各4枚。にんじんは細い拍子木切り、ごぼうはささがき、いんげんは5㎝長さ、ししとうは爪楊枝で3か所穴をあけ、各々適量用意。

❷魚介は、下処理と水気をしっかり拭くこと。えび4〜5尾は、背わたと頭を取り、尾先のけんを切り取って水分を包丁でしごき出し、尻尾を残して殻をむく。腹に3本、縦の包丁目を入れると揚げたときに曲がらない。

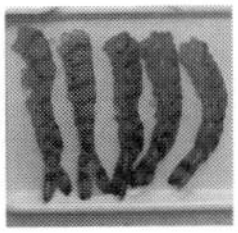

❸天つゆの作り方は117ページ

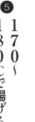

和えもの

お酢使いが上手になると、和えものが俄然、楽しくなります

和えものとは、季節のお野菜や山海の食材を和え衣で調味したお料理のことです。宴席のコース料理など、おもてなしで広く普及している会席料理ではお食事の前にお酒が出ますので、和えものはお通しや先付けとして、最初にお膳に並びます。食膳にいちばん最初に登場するお料理ですから、季節を感じさせる見た目に美しいものでなくてはいけません。器はもちろん盛りつけにも創意工夫を凝らした、料理人の腕の見せどころでもあります。

家庭の食卓では、和えものは副菜、あるいはお口直しとなるものです。和え衣は、辛子酢みそ和え、黄身酢和え、白和え、ごま和えなど、食材の性質と組み合わせによっていろいろありますが、野菜ともお魚とも相性のいい、お酢に調味料を加えた合わせ酢（加減《かげん》酢《す》）を覚えておくと大変重宝します。

お酢にはお料理の味をキリッと立たせる効果があるのと同時に、食材のえぐみや臭みを抑える効果もあります。たとえば貝類、うどや菜の花などクセの強い春菜にはうってつけ

ですし、おだしやお砂糖と合わせることで味に爽やかなコクと丸みが出て、ほとんどのお野菜やお魚を上手にまとめてくれます。

合わせ酢の基本は「三杯酢」。酢に砂糖、しょうゆ、塩、だしを合わせたもので、わかめときゅうりの酢のものといえば、この三杯酢が和え衣です（作り方は118ページ）。さらに砂糖を多めに入れると「甘酢」（作り方は117ページ）。かぶやれんこん、にんじん、大根などを甘酢漬けにしておくと、まろやかな和風ピクルスの完成。さっとゆでたキャベツと和えると、お肉のつけ合わせによく合います。このほか、おみそと合わせた酢みそ、卵黄と合わせた黄身酢など、ぜひ日々のお料理に取り入れてみてください。

「しょうゆ洗い」「酢洗い」とは

おもに魚介類の酢のものを作るときに用いる。材料に少量の酢やしょうゆをふりかけたあと水気を拭き取る。生臭みを取る効果がある。水で薄めた酢にさっと浸す方法もある。

旬の材料を取り入れて、和えもののバリエーションを楽しんで

ほうれん草をはじめ青菜はすべからく、シャキシャキとした歯ざわりでいただきたいものです。一年中手に入る青菜にも旬があります。ほうれん草なら、本当においしいのは霜の降りるころから。ほうれん草は、火が通りやすいよう根をちょっと切り取り十文字の切り込みを入れて、2株ずつ小分けにします。塩をひとつまみ入れた熱湯に根元から立てて入れ、ひと呼吸おいてから葉を入れます。煮立ったら菜箸で裏返し、次に煮立ったところで冷水に取ってアクを除きます。一把丸ごと熱湯に入れるなど御法度ですよ。お湯の温度が急激に下がり、再び煮立つころには、ほうれん草はクタクタ、アクがどんどん出て見る

貝の和えものは辛みプラスで傷み防止

季節を取り入れやすい和えもの。春の代表の貝類に、辛子などの辛みを足すのは傷み防止のため。辛子やわさびには抗菌作用がある。

も無惨な姿になります。

次に大事なのがしっかり水気を絞ること。ばぁばはガーゼに包んでガーゼをねじりながら絞ります。こうすると体力を消耗せずに効率よく水気が絞れます。バットにおだしと調味料を入れて軽く混ぜ、ここに食べよく切ったほうれん草を浸して冷蔵庫で30分以上冷やします。キンと冷やした器に盛ればさらに涼味が上がります。熱さ、冷たさも味のうちですからね。

ゆでたほうれん草をこのままいただけば「ほうれん草のおひたし」（作り方は25ページ）に。よくすった黒ごま、お砂糖、酒、しょうゆを合わせたものと混ぜ合わせれば、和えものの「ほうれん草のごまよごし」になります。質のよい黒ごまを使うと、香りも味わいもぐんとよくなりますよ。ちなみに、切りごまをそのまま味つけしたほうれん草にまぶしたら「ほうれん草の朝地和え」になります。

ばぁばは、ごまをすり鉢でスリスリとあたる時間が大好きです。強くて折れにくい天然木の山椒のすりこぎを愛用していますが、よい香りを放ちながらごまがなじんでいく音を楽しむのも乙なものですよ。

和えものの基本4か条

その1

生野菜は「立て塩」でしんなりと

野菜は「立て塩」（43ページ参照）で水気を抜いておくと、しんなりとかさは減りながら、口当たりはシャキシャキになり、和え衣となじみやすくなります。ほんのり塩味の下味がつくので、サラダにも最適。野菜に直接塩少量をふって軽くもんで水気を抜く方法もあります。

その2

あらかじめ下ごしらえをして冷やしておく

和えものは、いわば日本のサラダ。主菜の支度に取りかかる前に「あとは調味するだけ」まで下ごしらえをすませておき、保存容器に入れて冷蔵庫へ。器も一緒に冷蔵庫で冷やしておきます。

その3

何でも合う「加減酢」を覚えておく

加減酢は、二杯酢、三杯酢などの合わせ酢にだしを加えたもの。酢のカドを和らげて口当たりをまろやかにします。味を見ながら調味の分量を加減すれば、どんな和えものも合うのでぜひ覚えておきたいもの。目安は、酢・だし各大さじ3、砂糖・薄口しょうゆ各大さじ⅔、塩少量を混ぜたものです。

その4

食べる直前に和える

和えものは時間がたつと、余分な水分が出たり、色が悪くなったりします。食べる直前に和え衣や合わせ酢を加えましょう。合わせ酢は材料を盛りつけたあと、器の縁から静かに注いで。サラダも同様に、ドレッシングをかけるのは食べる直前です。

ばぁば秘伝の合わせ調味料いろいろ

近頃はスーパーに行けば、味つけ酢から鍋のだしまで、ありとあらゆる調味料が手に入るようになりました。とはいえ、添加物や着色料、人工香料など人にも地球にもやさしくないものが入っていないかが心配です。「ばぁば流の合わせ調味料の配合をお教えします。もちろんご紹介する調味料の分量はあくまでも目安です。材料や目的によって分量を変えながらご自分の味を追求してくださいね。焼きもののつけだれはほとんどがおしょうゆベースなので、焼く前に短時間浸けるだけで十分。また合わせ酢は、三杯酢の分量を覚えておけば、たいていの和えものに使えます。二杯酢はお砂糖なしのシンプルな合わせ酢。かにやえび、海藻類、セロリなど香味野菜との相性もぴったり」（ばぁば）

ばぁばの合わせ調味料早見表

＊材料はすべて4人分

焼きもののつけだれ

●照り焼きじょうゆ

しょうゆ½カップ
酒大さじ3
みりん大さじ2

バットに調味料を混ぜ合わせ、ぶりなどの魚を3時間から半日漬け込む。汁気を切って魚焼き網またはグリルで焼く。八分通り火が通ったら刷毛などでつけだれを塗ってあぶる。これを2〜3回繰り返す。

●幽庵焼き

しょうゆ大さじ6
酒・みりん各大さじ2
ゆず1個

調味料を合わせ、ゆずの輪切りを加える。この調味料にさわらなどの魚の切り身を3時間から半日漬け込む。汁気を切って魚焼き網またはグリルで焼く。

●焼き鳥のたれ

酒・砂糖・みりん各大さじ3
しょうゆ大さじ4

小鍋に調味料を合わせ、弱火でとろりとするまで煮詰める。ひと口大に切って串に刺した鶏肉にたれを塗り、オーブントースターまたはグリルで焼く。途中何回かたれを塗りながらこんがりと焼く。

甘酢や南蛮酢に漬けていつでも常備野菜

あまり野菜を甘酢漬けにすれば、あと一品というときに便利。

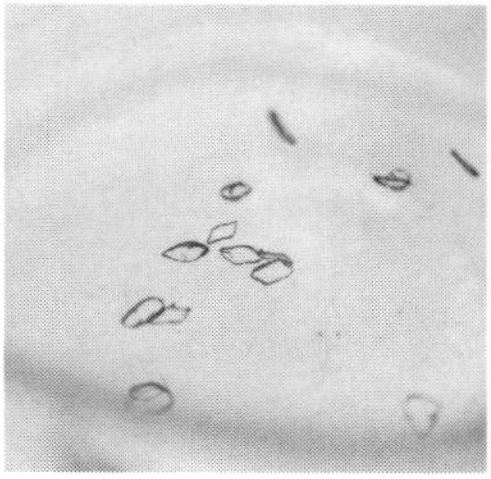

塩少々、塩ひとつまみ、塩少量の違いは？

レシピでよく見かける「塩少々」「塩ひとつまみ分」。「少々」は親指と人差し指でつまんだぐらいの量のこと。「ひとつまみ」は親指と人差し指、中指の3本指でつまんだぐらいの量。「少々」より少し多いのが「ひとつまみ」になる。手の大小で量が変わってくるので、あくまでも目分量。この本で紹介している「塩少量」は「ひとつまみ」と同量かそれよりやや多いぐらいの量をさし、適量の意味と同じ意味になる。塩加減は自分の舌で味の調整を。

つけだれ

●なます

砂糖大さじ3
酢大さじ4
塩大さじ1弱

大きめのボウルに、皮をむいて千切りにした大根600g、にんじん60gを入れ、塩をふってもむ。しんなりとしたら水気が少し残る程度に軽く絞り、密閉容器に入れる。砂糖、酢を順に入れてよく混ぜ、冷蔵庫に入れる。1日に2〜3回混ぜて味をなじませる。

●ポン酢じょうゆ

柑橘類の搾り汁大さじ3
しょうゆ大さじ2〜3

ゆず、すだち、かぼす、レモンなど好みの柑橘類の搾り汁にしょうゆを加えて混ぜる。柑橘類は2〜3種を混ぜると奥深い味わいに。水炊きやしゃぶしゃぶなど鍋ものに。

●甘酢・南蛮酢

酢・だし汁各1/2カップ　砂糖大さじ1
薄口しょうゆ大さじ1　塩小さじ1
こしょう少量　南蛮酢は赤唐辛子1本

バットに調味料を合わせ、小麦粉をつけ揚げたあじ、焼いた鶏肉、唐揚げにした鮭などを熱いうちにジュッと浸す。れんこん、キャベツは軽くゆで水気を切り、熱いうちに漬ける。甘酢に赤唐辛子を加えると「南蛮酢」に。

【酢どりれんこん　料理66ページ】
【キャベツの南蛮酢　料理128ページ】

つけつゆ・かけつゆ

●天つゆ・そうめんつゆ

水4カップ
みりん・薄口しょうゆ各1カップ
天つゆは塩少量
そうめんつゆは酒大さじ2
削り節（天つゆは大きくふたつかみ、そうめんつゆは大きくひとつかみ）

調味料を鍋に入れ、削り節を加えて強火にかけ、煮立ちを待ってすぐに弱火にし、1〜2分煮出してそのまま冷やして漉す。

●そばのかけつゆ

水カップ3
削り節大きくひとつかみ
煮干し20匹　砂糖大さじ2
しょうゆ・みりん各カップ1

鍋に材料をすべて入れ、強火にかける。煮立ったら3〜4分クツクツと煮て、火を止める。冷めたら漉す。＊うどんのかけつゆは、だし汁6カップを煮立て、塩大さじ1、薄口しょうゆ大さじ1½加えてひと煮させる。

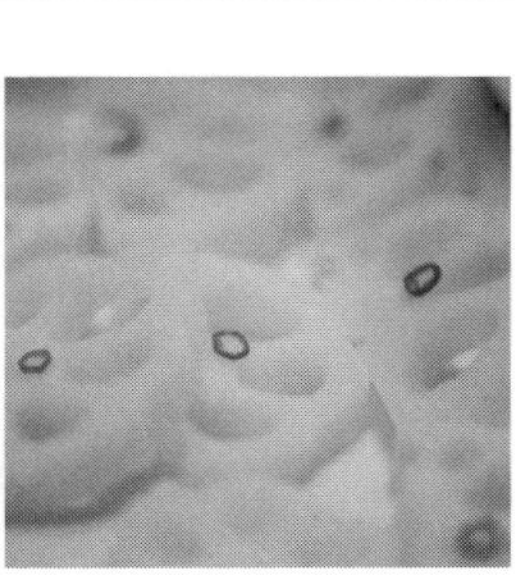

酢どりれんこん。れんこんは1分ほどゆで、ざるにあげ、南蛮酢に浸ける。すぐに食べてもよいが、冷やしてもおいしい。

ばぁばの合わせ 調味料早見表

「さらさ和え」「友禅和え」美しい和えものの名前

三杯酢を基準にした自分流の加減酢で、酢のものも楽しみたい。数種類の色の材料（野菜、魚介、鶏肉、練りものなど）をお好みで取り合わせ、更紗模様のように彩りよくした「さらさ和え」、野菜数種類をごく細く切って友禅染めのように彩る「友禅和え」など、目にも楽しい和えものに挑戦を。

みそでとろみをつけた「ぬた」

一般的に、みそでとろみをつけた酢みそや辛子酢みそをぬたと呼ぶ。

和えもの

●三杯酢

酢大さじ3
砂糖大さじ2/3
薄口しょうゆ大さじ1 1/2
塩小さじ1/2
だし大さじ2

いか、わかめ、きゅうりなどの酢のものに。きゅうりなどの野菜は立て塩につけてしんなりさせてから使う。いわゆる酢のものの基本の配合で、下ごしらえした素材と合わせる。

●酢みそ

西京みそ・みりん各1/2カップ
酢大さじ1/2〜2
砂糖大さじ2

みそにみりん、砂糖を混ぜ練り、酢を注ぎながらよくのばす。まぐろやあおやぎなど魚介は酢にくぐらせてから野菜と和える。わけぎは下ゆでし、包丁でしごいてぬめりを取り、塩をふる。たらの芽などほろ苦い山菜も美味。魚介には辛子を添えて。

【まぐろとわけぎのぬた　料理122ページ】

●二杯酢

酢・薄口しょうゆ
各大さじ1 1/2
だし　大さじ1

かにやえび、海藻類と相性がよく、香りの強いセロリなどの野菜にも合う。素材の持ち味が生かせるシンプルな合わせ酢で、しょうがやわさびを混ぜ込んで、しょうが酢、わさび酢にも。

●辛子酢みそ

上段の酢みそ大さじ5
溶き辛子大さじ1/2

酢みそに溶き辛子を加えたもの。貝類、ほたるいか、菜の花とえびの和えものなどに。豚肉の冷しゃぶのアクセントにしても美味。溶き辛子と酢を入れる前の練りみそは、密閉容器に入れて冷蔵庫で2か月保存が可能。

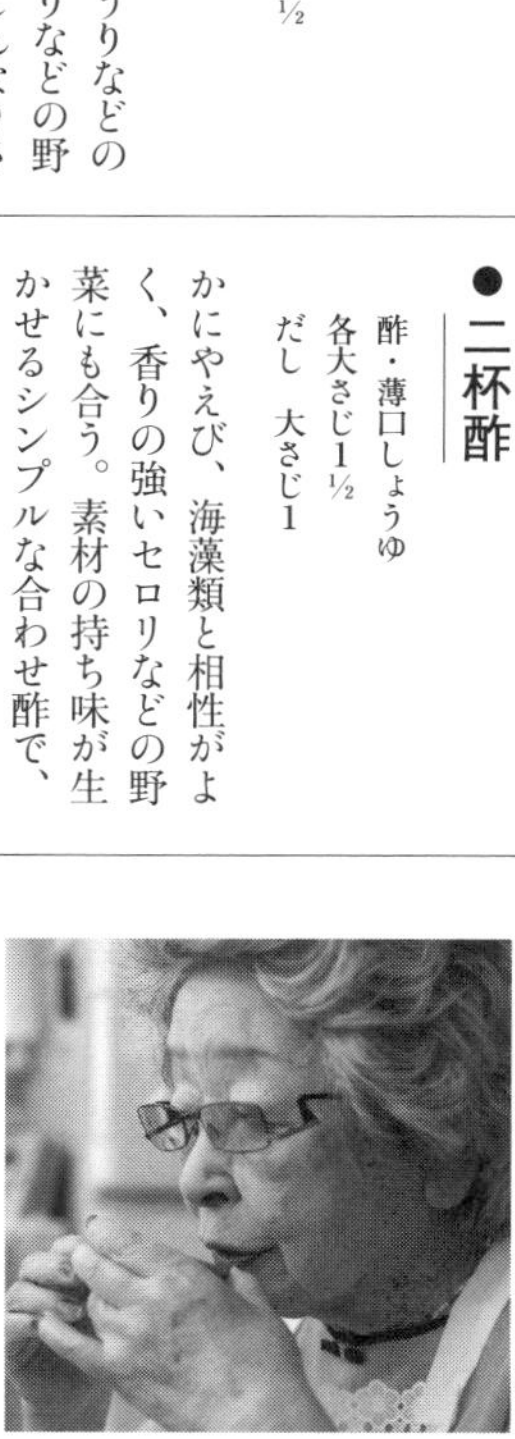

ばぁば流のお味です。

●黄身酢

卵黄2個分
みりん大さじ4
酢大さじ3強
塩少量

とろみが出るまで混ぜる。

小鍋に卵黄を入れて溶きほぐし、調味料を加えて混ぜる。湯を沸かした大鍋に小鍋の底を当てて湯せんする。丁寧に混ぜ、とろみがついたら湯せんから外し、軽く混ぜながら冷ます。華やかな色合いでおもてなしに。えびとそら豆、うどとアスパラ、いかときゅうりなどに。かに、わかめも合う。

豆腐の水切り

豆腐を乾いた布巾に包んで底の平らな皿を1~2枚のせ、30~60分おいておく。急ぐときは、ラップをせず電子レンジで1丁あたり約3分加熱する。

上手なごまのすり方

ごまはなるべく炒りたてを。すり鉢の下にきつく絞った布巾を敷いて、すり鉢が動かないように安定させる。体をちょっと斜に構え、すりこぎをなるべく寝かすようにして中ほどを片手で握り、もう片方の手はすりこぎの頭に軽く添える。力を入れず、丸くリズミカルに丁寧にする。

すり鉢がない場合

市販のあたりごま（練りごま）で代用できる。その場合は、いりごまの半量を目安に。

●白和え衣

木綿豆腐1丁
練りごま（白）・砂糖各大さじ3
酒・薄口しょうゆ各大さじ1
塩小さじ½

豆腐は水をよく切る。すり鉢ですりつぶしてから調味料を混ぜ、なめらかな和え衣に。酒としょうゆで炒ったこんにゃく、しいたけ、きくらげ、にんじんなどに。

●和風みそディップ

みそ大さじ2
マヨネーズ大さじ3½
梅干し1個
削り節1パック
白ごま大さじ1

梅干しは種を取って果肉をよくたたく。みそにマヨネーズとたたいた梅を加えてなめらかに混ぜ、削り節と白ごまも加える。スティックサラダにぴったり。ちぎりキャベツのサラダにも。

●ごま和え衣

いりごま大さじ3
砂糖・酒各大さじ½
しょうゆ小さじ2

ごまをすり鉢でよくすり、調味料を加えてよく混ぜる。ゆでたいんげん、小松菜、ほうれん草、キャベツなどに。和える野菜をしょうゆ洗い（113ページ参照）すると一層風味がよくなる。

【黒ごまを使った、いんげんのごまよごし　料理121ページ】

●おろし和え衣

大根おろし1カップ
砂糖・酢各大さじ1
塩小さじ¼

大根おろしの水気を軽く絞り、調味料を加えて混ぜる。なめこ、三つ葉、イクラ、鮭の缶詰などをさっくり和える。酢の代わりにレモンを搾ってもよい。なめこは缶詰ならそのまま、生のものは酒としょうゆを加えてさっと炒りつけてから使う。

●梅肉和え衣

梅干し（大）2個
酒・みりん各小さじ½

梅干しの種を取り、果肉を包丁でたたいて細かくし、酒、みりん（アルコールが気になる場合は煮切る）を加えてなめらかに溶きのばす。短冊に切った大根、千切りにした長いもやうどなどに。春なら、ゆでたけのこの姫皮を細かく刻んで和えると、小粋な酒の肴に。

●ピーナッツ和え衣

無糖ピーナッツバター・砂糖各大さじ3
酒・薄口しょうゆ各大さじ1

ピーナッツバターに砂糖を加えてよくすり混ぜ、酒、薄口しょうゆを加えてなめらかに溶きのばす。きゅうりやセロリ、ゆでたほうれん草、いんげんなどに合う。豆板醤と酢を加えると中華風の和え衣に。ゆでた鶏肉やいかときゅうりの冷菜などに。

ばぁばの合わせ調味料早見表

鍋もの

●すき焼きの割りした

酒・みりん・しょうゆ
各½カップ
ざらめ（もしくは上砂糖）大さじ3

鍋に酒、みりんを入れ、強火で煮切る（アルコール分を飛ばす）。いったん火を止め、しょうゆ、ざらめを入れて中火で温める。ざらめが溶けたら完成。関東風の割りしたは、これにだし½カップを加える。

●かき鍋のだし

白みそ¾カップ
赤みそ¼カップ
酒½カップ
だし汁1½カップ

白みそと赤みそを合わせ、酒、だし汁を加えて溶きのばす。鍋に合わせみそを入れ、ふつふつとしてきたらかきを入れ、身がふっくらとしたら食べごろ。野菜や豆腐とともに楽しむ。

●寄せ鍋のだし

一番だし10カップ
酒大さじ3
塩大さじ1
薄口しょうゆ大さじ4

魚、貝、肉、野菜などの具材を多種類入れることから〝寄せ鍋〟と呼ばれる。鍋にだし汁を煮立てて調味し、魚、えび、鶏肉などを加えてアクを取り、焼き豆腐、野菜などを加えて、煮えばなを順にいただく。

かけだれ

●みそだれ

西京みそ（八丁みそでも）・砂糖
各大さじ6　みりん大さじ3
しょうゆ大さじ2
だし⅓カップ

小鍋にみそ、砂糖、みりんを入れてへらでよく混ぜる。なめらかになってきたら中火にかけ、しょうゆを入れて混ぜる。だしを少しずつ加えてみそをのばし、弱火にして、ぽってりとするまでよく練る。みそカツや田楽に。すりおろしたゆずの皮を加えると「ゆずみそ」、青唐辛子を入れると「南蛮みそ」になる。

みそだれ。煮すぎると風味が損なわれるので、焦がさないように、ぽってりとするまで弱火で練る。

●とろろ汁

大和いも300g
だし2カップ
酒大さじ2
塩小さじ⅔
薄口しょうゆ大さじ1½

小鍋にだしを煮立て、酒、塩、薄口しょうゆで味を調える。ひと煮立ちさせて冷ましておく。大和いもの皮をむき、すり鉢の側面ですりおろす。さらにすりこぎでよくする。だし汁を少しずつ加えながらさらにすってのばす。押し麦を混ぜて炊いた麦飯、とろろそばなどにかける。

「食材の持ち味を
活かしながら、
さらに風味を上げて
新たな味わいを
生み出すのが
和え衣の役割です。
調味料が変われば
風味も一変。
こまめに味をみながら
調味して、
ご自分なりの黄金比率を
見つけてください」

ごまの芳香も味のうち「いんげんのごまよごし」

山椒のすりこぎで、ゴリゴリとごまをする時間が大好き、とばぁば。香りも味も濃い黒ごまは、パンチのある和えものができる。アスパラガスとも好相性。

(→いんげんのごまよごしの作り方119ページ)

春を告げる
和えもの
「まぐろと
わけぎのぬた」

「ぬた」は白みそで作った酢みそのこと。みそのどろりとした見た目が沼田を連想させることが名前の由来。まぐろやいか、あおやぎなどの魚介とわけぎ、わかめなどを合わせて。

（→まぐろとわけぎのぬたの作り方118ページ）

「食の楽しみは
四季を楽しむこと。
母の〝ぬた〟が
食卓にのぼると
春が来た！と
心躍ったものです。
秋にはうどやれんこんを
合わせ酢で、
冬には青菜をおひたしで。
かきのおいしい季節は、
なんといっても
かきフライです」

ばぁばの大好物！「かきフライ」

ばぁばが「フライ界の女王様」と呼ぶのがかきフライ。水気をしっかり抑え、全体にもれなく衣をつけると油はねがなくカラッと揚がる。「パン粉をケチらない」のが鉄則。

（→かきフライの作り方110ページ）

旬を熱々で頬張る
「天ぷらの盛り合わせ」

本来は、魚介を揚げたものを「天ぷら」、野菜は「精進揚げ」と呼ぶ。皿も分けて供するが、家庭では盛り合わせてOK。天つゆとともに食卓へ。

（→あなごの棒揚げの作り方59ページ、
野菜の精進揚げの作り方111ページ）

濃厚みそだれが決め手
「ばぁばのみそかつ丼」

サクサク衣の大判とんかつをぎっしりのせて丼に仕立て、西京みその甘辛だれをたっぷりかけるのがばぁば流。食べ盛りの男子垂涎のおふくろ飯に。

（→ ばぁばのみそかつ丼の
作り方110ページ、
みそだれの作り方120ページ）

「揚げものはカラリと揚げて、
揚げたてをいただくのがお約束。
天ぷら、フライ、唐揚げと、
それぞれに適した油温、
揚げどきは違います。
すぐに食卓に出せるよう、
器の準備もお忘れなく」

「輸入松茸の普及で、
家庭でも気軽に
松茸をいただけるように
なりました。
ご家族みんなで
秋の香りを
楽しめるよう、
お野菜と鍋に
してはいかが？」

エリンギでかさ増し「松茸の小鍋仕立て」

土瓶蒸しにする器がないときは小鍋を使って鍋仕立てに。松茸に食感の似たエリンギでかさ増ししてボリュームアップ。松茸の芳香で大満足の食卓に。

（→松茸の小鍋仕立ての作り方145ページ）

「冬は温かい汁ものが
ほっと嬉しいですね。
牛乳と本葛で作る嶺岡煮は、
いわば和風クリーム
スープの原点。
帆立でもおいしいの」

ほっとお腹が温まる「根菜と鮭の嶺岡煮《みねおか》」

“嶺岡”とは房総半島の嶺岡連峰を指す。江戸時代、
ここで乳牛の飼育が始まり、以来、牛乳料理は“嶺岡”
の冠がつくように。コンソメを加えるとコクが出る。

(→「根菜と鮭の嶺岡煮」の作り方149ページ)

ビールのお供に「いかの鹿の子焼き」

格子状の細かい切り目を入れて焼く「鹿の子焼き」。加熱するとくるりと丸まるいかの特性で、切り目が鹿のまだら模様のようになる。酒肴にぴったり。

(→いかの鹿の子焼きの作り方104ページ)

「豚ロース肉のしょうが焼き」

豚肉をつけだれに長く浸さないことがポイント。たれごと焼くので、辛くなってしまう。キャベツの南蛮酢を添えてヘルシーにスタミナ強化。

(→豚ロース肉のしょうが焼きの作り方105ページ、キャベツの南蛮酢の作り方117ページ)

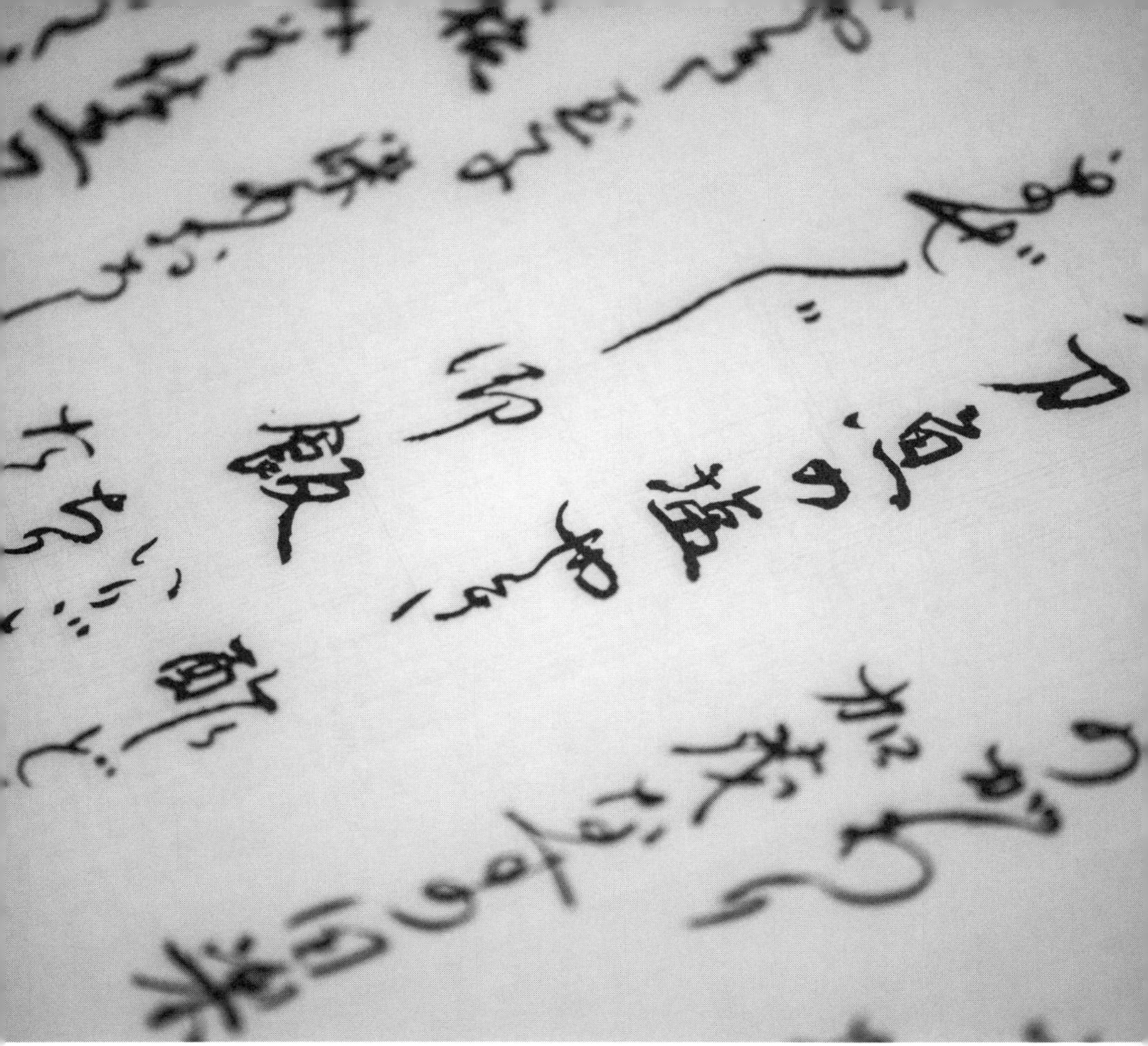

ばぁばの料理教室では、ばぁば自筆の献立表が配られる。もう何十年も続けてきたばぁばの習慣。

「季節の変わり目は
体調を崩しやすいもの。
冷えなど、女性ならではの
悩みもありますね。
ついさっぱりとしたもので
すませがちですが、
医食同源と申します。
しっかり栄養を」

旬のおかず

日本料理は四季の料理。旬をいただくのには理由があります

私の料理の師でもある母・お千代さんはご近所でも評判の料理上手で、どこかのお宅で法事やお祝い事があると、必ずお声がかかりました。幼かった私も母についてお邪魔して水汲みなどをお手伝いしたものです。よそ様のお台所で采配を奮いながら立ち働くお千代さんは凜と美しく、ふと手を止めて見惚れることもよくありました。

午後、家事が一段落すると、囲炉裏の前でキセルをくゆらせながら、夕食の献立を思案するのが母の日課でした。毎晩2時間の晩酌を欠かさず、よくお客様も招いた父の酒肴、食べ盛りの子供たちのための栄養バランスを考えた食事。一年365日、一日たりとも休まずにそれぞれの献立を考え、支度するのはさぞかし大変だったと思います

しかし、お台所に立つ母はいつも楽しそうでした。左右違う柄の足袋をコーディネートするようなハイカラさんだった母は、お料理でも食材の組み合わせや彩りを工夫し、新しい食材にも積極的に挑戦しておいしい料理を作ることに心を砕いていました。おそらくそれは、専業主婦としての母の信念であり、プライドだったのでしょう。

お料理で母がつねにこだわっていたのは、旬。

たとえば、春。長い冬がようやく終わり、芽吹きのころを迎えますと、母の〝ぬた〟が食卓にのぼりました。夕方、台所の板の間に大きなすり鉢を据えてみそを丹念に練り、裏の畑から山椒の若芽を摘んできてトントンとたたく母は、微笑んでいるように見えました。

そして夏には、「なすのしぎ焼き」を作る母の台所からごま油の芳香が流れてきて、食いしん坊の私は、お腹の虫がぐぅぐぅ鳴って困ったものでした。

良薬は口に旨し。食卓の四季が家族の絆も深めていきます

日本料理は四季の料理です。そして、春夏秋冬それぞれの恵みをおいしくいただく先人の知恵が詰まっています。

芽吹きの春には、ふきのとうや菜の花をはじめえぐみや苦みのあるお野菜のエネルギーが、寒さで萎えていた私たちの体を覚醒してくれます。太陽が照りつける夏にはきゅうりやなす、トマトなどの水分たっぷりで体を冷やしてくれる野菜があります。秋・冬には大根などの根菜がおいしくなり、魚がもたらす良質たんぱくは体を温め、胃腸を整えてくれます。そしてその結果、病気から体を守る免疫機能も高めてくれます。

2013年に「和食」がユネスコ無形文化遺産に登録されました。その理由として、「多様で新鮮な食材とその持ち味の尊重」「健康的な食生活を支える栄養バランス」「自然の美

日本人の初もの好き

昔から日本人が、縁起がいい、寿命が延びる、福を呼ぶ……と好んで食してきたのが「初もの」。春から夏にかけての「初がつお」、五月の「新茶」、秋の味覚「初きのこ（松茸）」など、旬を尊び、ありがたくいただく日本人のこころを、これからも大切したいもの。

しさや季節の移ろいの表現」「正月などの年中行事との密接な関わり」が挙げられています。

まさに、おっしゃる通り！ 世界を深刻な事態に陥れた新型コロナウイルスも、免疫力を高めておくことが感染予防の要とされました。そういう意味では、四季を尊び、栄養をバランスよく取り入れ、もっともおいしく仕立てるお料理が豊かに揃う日本の食生活は、理想的な「医食同源」を実現しているといえます。

また、四季折々の年中行事との密接な関わりは、家族の絆も深めてくれます。

その最たるイベントが、お正月。元日を家族揃って祝うために用意するおせち料理は、日本の家庭料理の集大成でもあります。

ばぁばは、鈴木家に嫁いで70年あまり、お料理教室を主宰して約50年、毎年欠かさずおせち料理を作ってまいりました。お料理教室では、毎年11月と12月、2か月にわたって計23品をお作りするのが恒例となっております。そしてわが鈴木家では、かつてお千代さんがそうしていたように、12月28日に黒豆を煮て数の子の塩抜きをし、30日には紅白なますを仕込み……と、祝い膳の準備をいたします。

今や、ご自宅でおせちをお作りになるご家庭は少ないかもしれません。お料理教室の生徒さんですら「全部は無理です」とおっしゃいますし、悲しいことに、若者にはおせちは不評。おせちの代わりにすきやきや焼肉でお正月を祝うご家庭が増えているとも聞きます。

それでも、ばぁばがおせちにこだわるのは、せめて年に一度、元日の祝い膳を家族で囲み、「新年、おめでとうございます」と迎えていただきたいから。日本人の暮らしの中で脈々と続いてきた家族の約束ごとを、次世代へと引き継いでいってほしいからです。

全部作れとは申しません。お店で購入してもよいのです。ただ、おせちのお重には何がどう入るのか、どんな味なのか、それだけは覚えておいていただきたいものです。

その上で、せめて祝い肴三種（黒豆、田作り、数の子）とお雑煮だけは、どうかご自身の手でご用意いただきたいのです。その香り、味は食卓を囲む家族の笑顔とともに、いとおしい記憶となって、いつかあなたとご家族の支えになるはずですから。

［春］

すべての命が芽吹くとき。ほんの一時しか味わえない〝春〟を存分に

たけのこ、うど、ふき、そしてわらびやぜんまいなどの山菜。香りがよく、独特のほろ苦さや歯ざわりが楽しい野菜が出回る季節です。なかでもたけのこは、旬がなくなったといわれる昨今、秋の松茸同様に春の到来を待たねば味わえない食材。しかも、いちばんおいしいのは芽吹いてすぐの一瞬だけ。それだけに喜びもひとしおで、毎春、朝露を含んだ朝掘りのたけのこが京都から届きますと、しばし見惚れてからゆでることにしています。

春のお野菜はどれも、みずみずしい生命力に満ちている分、えぐみやアクも強いのが特徴です。たけのこも独特のクセがありますね。それがまたおいしいのですが、掘り出した瞬間から甘みがアクへと変化し、時間とともにどんどん強くなります。ですから、店頭で購入したたけのこは、必ずアク抜きをします。言い方を変えますと、アク抜きをしていないたけのこは使いものにならないということ。面倒と思う方もいるでしょうが、手を抜かず、気を抜かず、気合いを込めてたけのこを〝食材〟に仕上げてください。

ポイントはゆでる前の包丁の入れ方。まず穂先を斜めに切り落とし、縦に包丁目を入れます。根元にある硬い部分のポツポツを削り落としておきます。次に大きめの鍋にたっぷりと水を張り、たけのこ、米ぬか1カップ（米のとぎ汁か生米でも可）、そして鷹の爪1〜2本を加えて強火にかけます。鷹の爪はえぐみを和らげるとともに、米ぬかのにおいがたけのこに移るのを防いでくれますから、ぜひお忘れなく。

鍋の中が沸騰したら中火にして落とし蓋をし、40分から1時間ほどゆでます。竹串をたけのこのいちばん太い部分に刺してみて、すーっと通ればゆで上がり。ゆで汁に浸けたままひと晩おいてください。これを「湯止め」といいます。たけのこが冷めたら、ここからがもうひとつの大事なポイント。ゆでる前に入れた包丁目に指先を入れて皮をむき、割り箸の角でそっと薄皮を除いて身を磨いてください。このひと手間がたけのこの風味を上げ、食感をいっそう引き立てるのです。

さあ、たけのこが極上の食材に変身しました。「たけのこご飯」なら、穂先は縦半分に切って薄切り、残りはいちょう切りにします（作り方は137ページ）。若竹椀なら穂先だけを千切りに。しゃきしゃきして香りよく、わかめとの絶妙な味わいが楽しめます。

春は和えものの季節です。菜の花が店頭に出だしたら春の訪れ

さて、ばぁばが、たけのことともに「春」を感じるのが菜の花です。菜の花が登場する

のはずいぶんと早く、春野菜の先頭を切って店頭に並び始めますが、黄緑色のつぼみをつけた菜の花が目に留まりますと、「春が来た」と心躍ります。

そもそも〝菜〟には「食用」という意味がありますから、菜の花はまさに「食用の花」。ただし、食べておいしいのは、つぼみが硬く閉じている間だけです。足の早い野菜ですから、保存する場合はゆでてから冷蔵庫へ入れておきましょう。また、菜の花はゆですぎないことが肝要です。輪ゴムで束ねてあるまま、根元に近いところから2〜3㎝ほど切り落として水洗いをし、たっぷりの熱湯に塩を少量加え、水を切った菜の花を2〜3本ずつゆでてください。ゆで時間は30〜40秒ほど。鮮やかな緑に変わったらすぐに冷水にとってよく絞り、しっかり水気を切ってください。

菜の花は独特の淡い苦味がよいアクセントになって、和えものや炒めもの、パスタなど幅広く楽しめますが、ことに辛子じょうゆとの相性が抜群によいの。辛子じょうゆともみのりで和える「磯の香和え」（作り方は137ページ）は早春ならではのごちそう。ばぁばの大好物です。

このほか芽吹いた山菜、はまぐりやあおやぎなどの貝も春の和えものにぴったりですね。

春のおすすめ食材とメニュー

菜の花

●菜の花の磯の香和え

＊4人分

❶菜の花⅔束は水洗いする。鍋に熱湯を沸かして塩少量を加え、菜の花を2本ずつ入れてさっと返し、すぐに冷水に放す。水の中で菜の花をふりながら揃え、水気をきつく絞って2cm長さに切る。❷ボウルに溶き辛子・酒各小さじ2、しょうゆ大さじ⅔を合わせ、もみのり適量と菜の花を加えて和える。

たけのこ

●たけのこご飯

＊4人分

❶米3カップは炊く1時間前に研ぎ、水加減しておく。ゆでたけのこ250gの穂先は小さめの薄切り、残りは薄いいちょう切りにする。❷米の水をお玉ですくいだし、すくいだした分のだしを入れ、水とだしを入れ替える。酒大さじ3、塩小さじ½、しょうゆ大さじ2を入れ、たけのこも加えてひと混ぜして普通に炊く。❸器に盛り、木の芽適量を散らす。

ふき

●ふきと油揚げの煮もの

＊4人分

❶ふき300gは鍋に入る大きさに切って塩少量をまぶし、板ずりする。塩がついたまま熱湯で3分ほどゆで、冷水にとって冷ます。水の中で皮をむく。片方の端の皮をぐるりと少しむいておくと、まとめてすっと引っ張るだけできれいにむける。❷油揚げ2枚は熱湯をかけて油抜きし、縦半分に切ってから細切りにする。❸鍋にだし1カップ、酒・しょうゆ各大さじ3、砂糖・みりん各大さじ2を入れて煮立て、ふきと油揚げを入れて強火で煮る。❹煮立ったら中火にし、落とし蓋をして汁気がなくなるまで煮る。途中で菜箸で軽く混ぜ、煮上がったらすぐにバットにあけて湯気を飛ばす。

はまぐり

●はまぐりの木の芽和え

＊4人分

❶はまぐりむき身20個は、ざるに入れて手早くふり洗いし水気を切る。❷鍋に①を入れ、酒大さじ1をふり、強火で炒りつけ取り出す。❸②の鍋に薄口しょうゆ大さじ1を加えて少し煮詰め、包丁でたたいた木の芽20枚分を加える。❹②に③をかけて混ぜ、器に盛って木の芽4～5枚を散らす。

「夏」

体を冷やし、疲れを癒やしてくれる野菜が旬を迎えます

春夏秋冬、四季の移り変わりをはっきりと実感するのは、夏ではないでしょうか。なす、きゅうり、トマトをはじめ、夏野菜と呼ばれる野菜は水分をたっぷり含み、体を冷やす効果があります。たとえば、きゅうりはじつにその約95％、なすは約94％が水分で、体に熱がこもるのを防ぐカリウムも豊富です。このような野菜が夏に最盛期を迎え、大変安価に手に入るのは、まさに〝自然の恵み〟の極み。

「秋なすは嫁に食わすな」ということわざがありますね。その解釈には諸説ありますが、そのうちのひとつには「秋なすは体を冷やすから、大事な嫁には食べさせるな」という解釈もあります。ばぁばの母も東北に遅い夏が訪れますと、艶々で張りのあるなすをしぎ焼き（みそ田楽）にしたり、キンと冷やして辛子じょうゆでいただく刺身風（作り方は141ページ）にしたりと、いろいろに工夫して食卓に並べてくれたものです。なすは浅漬けにしてよし、焼いてよし、炒めても揚げてもよしで、とても便利なお野菜。夏の食卓のナンバーワン食材です。

余談ですけれども、母方の親戚にお歯黒の大叔母様がおりました。お歯黒は明治時代ぐらいまで既婚女性の印として用いられた慣習で、白い歯を黒く染めることで「二夫にまみえず」という誓いの意味合いがありました。きっと大叔母様は、結婚したときからずっと歯を染めていたのでしょうね。ちょっと近寄りがたい雰囲気がありましたが、まだ幼い子供だった私は、すっかり漆黒の歯に魅了されて「お歯黒にしてみたい！」と強く思うようになりました。そんなとき、ふと目に留まったのが、茄子紺とも呼ばれる紫紺色に輝くなす。母にせがんで皮だけをむいてもらい、それを歯形に切り抜き前歯にくっつけて「おはぐろ〜〜」とよくふざけたものです。母はたしなめたくても笑いが止まらず、私は嬉しくて母をもっと笑わせようとはしゃいで……と、今も忘れ得ぬ夏の夕暮れの思い出です。

夏冷えや夏バテには、栄養満点のみそ汁や温かな汁ものを

近年では、梅雨明けを待たずして30℃超えも珍しくなく、8月ともなれば夜は熱帯夜。室内はつねに冷房をかけっぱなしが当たり前になっています。でも、室内にいる時間が長いと知らずのうちに体が冷え切って、そこでまた灼熱の屋外に出たりすると体はもうヘトヘト。とくに冷えやすい女性には、体調管理が難しく辛い季節でもあります。

そんなときにばぁばがおすすめしたいのは、汁もの。食欲がなくてもすっと入りますし、体の中からじんわり温まって、冷えやだるさがやわらぎます。それに心持ちがほっとなご

みますよね。日本の家庭料理に〝一汁二菜〟〝一汁三菜〟と必ず汁ものが添えられているのには、口当たりよく栄養を吸収する知恵の継承だと、ばぁばは思います。だからこそ、ときおり無性に汁ものがほしくなったりもするのでしょうね。

汁もののよい点は、具材を選ばないところです。とくにおみそ汁なら、どんな組み合わせでもおだしとおみそがうまくまとめてくれますから、具だくさんにして〝主菜〟にしてもよいでしょう。暑さで疲れているときには、お肉を使うのも一考。牛肉の薄切り肉と絹ごし豆腐、ごぼうの入った煮干しだしの「牛肉と豆腐のごちそうみそ汁」（作り方は141ページ）は、夏におすすめしたいみそ汁です。私が子供のころに、アイディア料理の達人だった母が作ってくれ、あまりのおいしさに感動したのを覚えています。お酒を少し入れて、ねぎと七味唐辛子を添えて召し上がってみてください。牛肉の脂がコクとなり、お豆腐のなめらかな食感と相まって、食欲のないときでもするりといただけます。

夏のおすすめ食材とメニュー

なす

●なすの刺身風　＊4人分

❶なす5本はへたを取り、たっぷりの水を張った鍋に入れて落とし蓋をし、水からゆでる。なすの腹を押さえてやわらかさを感じるまで15分ほどゆでる。❷ゆで上がったら巻きすで巻く。板で挟んで重石をのせ、少し傾けて置いて、水分を出す。厚みが半分くらいになったらバットに移し、冷蔵庫でひと晩冷やす。❸ひと口大に切って器に盛り、白髪ねぎ、青じそなどを添えて辛子じょうゆでいただく。

とうがん

●とうがんのすり流し　＊4人分

❶とうがん300gはわたと種を除いて皮を薄くむき、鬼おろしで粗くすりおろす。鬼おろしがない場合は、粗みじん切りにし、水に放してざるに上げる。❷塩少量を加えた湯にとうがんを入れてさっとゆで、氷水に放して水気を切る。❸鍋にだし3カップを煮立て、とうがんを加えて煮る。とうがんが透き通ってきたら、塩小さじ1、酒大さじ½、薄口しょうゆ少量を入れて味を調え、水溶きの葛（葛・水各大さじ1。片栗粉でもよい）を少しずつ流し入れてとろみをつける。❹鍋底を氷水に当ててよく冷やす。器によそい、わさびを添える。

豆腐

●牛肉と豆腐のごちそうみそ汁　＊4人分

（料理14ページ）

❶煮干しだし5カップを煮立て、食べやすく切った牛薄切り肉200gを入れ、ひと煮立ちしたら、ささがきして酢水にさらしたごぼう½本、斜めに厚切りした長ねぎ（白い部分）½本を加えサッと煮る。❷みそ80gを溶き入れ、酒大さじ½、5㎜厚さに色紙切りした絹ごし豆腐½丁を加え煮る。❸器に盛って七味唐辛子を添える。

ねぎは、斜めに厚切りしたり、小口切りして最後に添えたりしても。

「秋」

食欲も出てくる季節は、風味豊かな山海の恵みに心が躍ります

さんま、松茸、しめじにさといも……。朝晩の冷え込みが深まるとともに、魚介やきのこ、根菜がおいしくなる季節です。夏が苦手なばぁばもようやくほっとひと息。お台所に立つのも楽しくなります。春のたけのこ同様、松茸もこの時季にしか味わえない特別なもの。というわけで、この項では松茸のお話をたっぷりさせてください。

ばぁばのお料理教室では毎年、神無月（10月）のお献立に「松茸の土瓶蒸し」（作り方は187ページ）を組み込んでいます。〝家庭料理〟と呼ぶには値が張りますが、松茸ならではの「香りを楽しむ」という日本料理の粋を知っていただきたいのと、土瓶蒸しの蓋を開けたときの生徒さんの満面の笑みが見たいからです。

余談ですが、日本人が魅了される松茸の香りは、欧米ではあまり好まれないのだそうです。フランスにもトリュフという、香りをいただくきのこがありますのに。とはいえ、ここ数年は悲しいかな、国産の松茸は〝高価〟を飛び越えて、とてもとても庶民の手が届くものではなくなっています。そこでばぁばは、ぐっとお手頃な価格で手に入る外国産の松

茸を試してみた結果、カナダ産の松茸を愛用しています。輸入ものの松茸は、企業努力というのでしょうか、「安かろう、それなりだろう」だったひと昔前に比べて、最近では品質が格段に向上しているように思います。カナダ産の松茸は、ロッキー山脈など、日本と同様に豊かな野山に囲まれたお国柄もあってか、威風堂々、香りもなかなかよろしくて大変助かっております。

ただ、やはりはるばる海を越えて長旅をしてきた松茸ですから、国産もののように、容器から出しただけで芳香が立ちのぼる……というわけにはいきませんし、乾燥も進んでいます。そこで下ごしらえにひと手間加えて、松茸の香りを引き出してあげましょう。

輸入ものの松茸は、日本酒を飲ませて覚醒させます

まずは、松茸をやさしく洗うこと。通常、松茸をはじめとするきのこ類は、風味が飛ぶので水洗いは御法度。布巾などで拭いて汚れを落としますが、輸入ものの松茸は土などがこびりついて落としにくいため、水洗いをします。ガーゼなどやわらかい布を使い、流水の下でポンポンと軽くたたくようにして、汚れをとってください。次に石突きの硬いところを包丁で削ぎ落とし、極太の鉛筆のような形にします。松茸がきれいになりましたら、かさはついたまま、縦に薄く切っていきます。食べる人の数を念頭において切ってくださいね。均等に松茸が行き渡らないとケンカになりますから。松茸の恨みは怖いのよ（笑）。

そして、もっとも重要なポイントが、バットなどに松茸が重ならないように並べて日本酒をふりかけること。日本酒がカンフル剤になって、松茸が目を覚ますのです。そのましばらくおくと、よい香りがふわりと立ってきますからね。少々お待ちください。

土瓶蒸しの器をお持ちなら、松茸、鶏のささ身、ぎんなんなどを器に入れ、おだしを注いで土瓶蒸しになさってもよいのですが、小ぶりの土鍋を使って鍋仕立てにするのも一興です。松茸の香りに食卓が華やいで、楽しい家族の夕餉になること間違いなしです。

ただ、食べ盛りのお子さんがいる場合は熾烈な松茸争奪戦になることも予想され、何本松茸があっても足りません。そこで、松茸に食感がよく似ているエリンギでかさ増し作戦を遂行します。松茸と厚みを合わせて薄切りにし、さっくりと混ぜ合わせて日本酒をふりかけておきます。そうして一緒に鍋で煮てしまえば、松茸からの移り香も手伝って、もうどれがエリンギかわからないくらいなの（笑）。

ちなみに、エリンギはクセがなくどんな食材とも好相性、調味料のしみ込みもよいのでとても使い勝手のよいきのこですね。しかも低カロリーなので、ばぁばはよくお料理に使っています。日本では人工栽培のみで一年中〝旬〟。サッとゆでて和えものに、煮ものや炒めものにと、加えてみてください。コリコリとした食感がアクセントとなって、いつものお料理がちょっと心躍る味わいになりますよ。

秋のおすすめ食材とメニュー

かます

●かますの一夜干し　＊2〜3人分

❶かます（大）1尾は三枚におろして腹わた、腹骨をすき取る。❷バットに水1カップと塩小さじ1強を入れ、かますの身のほうを下にして並べ、5分ほど浸す。水気を拭いて皮目を下にしてざるに並べ、下にバットなどをあてて冷蔵庫に半日からひと晩入れておく。❸1枚を3等分に切って、250℃のオーブンで皮目を上にして4〜5分焼く。あじやさばがあまったときも同じ方法で手作り干物ができる。

さといも

●きぬかつぎ　＊4人分

❶小いも（石川早生という品種の小ぶりで丸いもの）8個は皮をたわしでよく洗い、お尻を少し切り落とし、頭から1㎝ぐらいのところにぐるりと切れ目を入れる。❷湯気の上がった蒸し器に小芋のお尻を下にして並べ、強火で15分ほど蒸す。❸小芋の頭部分をむき、器に盛って黒いりごまと塩少量をふる。

松茸

●松茸の小鍋仕立て

（料理は126ページ）＊4人分

❶春雨100gは袋の表示通りにゆでてざるに上げる。❷松茸（大）1本は流水で汚れを落とし、石突きの硬い部分をそぎ落として薄切りにする。酒大さじ2〜3をふっておく。エリンギ（大）1本は石突きをそぎ落として3等分してから薄切りにする。えのき茸½株は石突きを落としざっとほぐす。❸鶏ささみ3枚は筋を取り、そぎ切りにして酒少量をふる。❹ぎんなん12個は殻を割り、薄皮を除く。❺レタス数枚は芯の部分を除いて食べやすい大きさにちぎる。❻小ぶりの土鍋に食べやすい長さに切った春雨を敷き、ぎんなんを除く材料を入れてかつおだし3〜4カップを注ぐ。ぎんなんを散らし、蓋をして火にかける。煮立ってきたら火を止めて食卓へ。すだちを絞っていただく。

Point
「松茸にお酒を飲ませる」ことで眠っていた香りを引き出します。

「冬」

脂ののった魚介、寒くなればなるほどうまみを増す根菜は健康を守る予防薬です

霜月（11月）に入り立冬を迎えますと、日本では本格的な冬が始まります。暦の上では、この日から2月初旬の立春までが冬。しかし実際には、2月はまだまだ寒さが厳しい時期ですから、冬将軍が日本に居座っている期間は案外と長いものです。

冬はまた、風邪などを引きやすく、体調管理が難しいときでもあります。かくいうばぁばも数年前の冬に体調を崩し、しばし入院生活をいたしました。退院してからも、しばらくはどうにも口がまずくて食欲がもどらず、体重もあっという間に落ちて、かなりスリムになってしまいました。こうなると体に力が入りません。

つねづね家族には「私が『食欲がない』と口にしたら、すぐにお通夜の準備をなさい」と申し伝えてあっただけに、「そろそろパパのお迎えかしらね……」と一時は覚悟を決めましたが、気がつけば食欲も回復し、すぐに体型も復活。年明けの1月にはお料理教室も再開できるほど元気になり、「生きることは食べること」を改めて実感した次第です。ど

うやらパパは、まだ私に来てほしくないようですね（笑）。

猛暑の夏は体を冷やすもの、極寒の冬は体を温めるものと、気温が著しく上下する時節は、体力を温存し抵抗力をつける食事を摂ることがとても大事です。どんなに高価な毛皮のコートを着ていても、肝心の体が冷えていたのでは脱いだ途端にクシュン！ときます。冬は体を温めて循環をよくしてくれる根菜がおいしくなりますし、お魚も脂がのって栄養満点です。バランスよく、朝からしっかり食べて体の熱量を確保しましょう。

滋味に満ちた鍋もの、煮もので体をぽかぽかに温めて

「夏」の項で夏冷えにぴったりの「牛肉と豆腐のごちそうみそ汁」をご紹介しましたが、体を温める即効性のある汁ものは、冬こそ積極的に食べていただきたいお料理です。朝は汁もの、夜は鍋ものでしめは雑炊……にすれば、手間も洗いものも少なくて栄養満点。忙しいご家庭には理想的な冬の食卓かと思います。

さて、冬におすすめしたい汁ものは「根菜と鮭の嶺岡煮」（作り方は149ページ）です。

〝嶺岡〟とは千葉県の房総半島にある嶺岡連峰のことで、江戸時代にここで乳牛の飼育が始まり、日本では牛乳のことを〝みねおか〟と呼びました。そして牛乳を使ったお料理は〝嶺岡〟の冠がつくようになったといいます。「嶺岡煮」は、牛乳を使ったスープ煮のこと。日本版シチューのようなものですね。クリームの代わりに本葛を使って少しとろみをつけ、

上品な口あたりに仕上げます。ばぁばの子育て全盛期には、コンソメを加えてコクを出し、子供向きにしていました。

嶺岡煮の具材の鮭は、秋から初冬にかけていちばん出回りますが、一年中手に入り、牛乳と好相性。かぶの甘みで味わいがさらにまろやかになります。鮭を帆立にしてもおいしいですし、牛肉と白菜の組み合わせなら殿方にも喜ばれると思います。ご自分なりの組み合わせをぜひ見つけてください。根菜なら何を入れても、牛乳とおみそ、本葛が上手にやさしく味をまとめてくれますから、怖がることはありません。具だくさんのスープ煮にして、バゲットを添えればちょっと洒落た趣になりますよ。子供たちにはウインナーをメインにすると、ついでにお野菜もたくさん食べてくれるかもしれません。

寒さに耐え、甘みと栄養をギュッと内包する冬の根菜には、体を元気にしてくれる力があります。ちょっと体が弱っているなぁ、風邪を引きそうだなぁ……と思ったら、ぜひお試しを。ほたほたと静かに煮ますと、滋味深い味わいが楽しめますよ。

冬のおすすめ食材とメニュー

根菜

● 根菜と鮭の嶺岡煮
（料理は127ページ）＊4人分

❶小かぶ4個は茎と葉を落として水洗いし、3等分のくし形に切り、皮をむいて水に放す。水からさっとゆでて冷水にとり、ざるに上げる。かぶの葉1個分は熱湯でさっと塩ゆでし冷水にとって絞り、細かく刻む。❷にんじん20gは皮をむいて薄いいちょう切りにし、さっと水洗いし水気を切る。❸きつく絞った布巾で生しいたけ2枚を軽く拭き、石突きを除いていちょう切りにする。えのき茸50gは根元を除いて3等分に切る。細めのれんこん40gは皮をむいて薄めのいちょう切りにし、酢水に放してアク止めをし、ざるに上げる。❹生鮭4切れは皮を除き、ひと口大に切って軽く塩こしょうし、薄力粉を軽くまぶしてフライパンで焼く。❺深鍋にだし2カップと酒大さじ½、かぶ、にんじんを入れて強火にかけ、煮立ったら中火にする。にんじんがやわらかくなったら、しいたけ、れんこん、えのき茸を加えてひと煮立ちさせ、西京みそ大さじ2を溶き加える。❻鮭を加えて火が通ったら、温めた牛乳1½カップを加える。弱めの中火で煮てふつっときたら、本葛大さじ1½（水大さじ2で溶いたもの。ない場合は片栗粉でも）を回し入れてとろみをつける。❼器に入れ、かぶの葉を散らす。

鮭

● 鮭の南蛮酢
（料理は67ページ）＊4人分

❶生鮭4切れは、1切れを5等分程度に薄くそぎ切りにし、塩こしょうする。❷ねぎ⅔本は3㎝長さのブツ切りにし、芯を除いて5㎜幅の細切りにする。セロリ1本は筋を取り、にんじん40gは皮をむき、それぞれ4㎝長さ5～6㎜幅の短冊切りに。❸バットに南蛮酢（酢⅔カップ、だし汁1カップ、塩小さじ1、薄口しょうゆ大さじ1、小口切りした赤唐辛子1本分）を合わせておく。❹揚げ油適量を170度に熱し、ガーゼに包んだ片栗粉適量を①の鮭にはたきつけ、揚げる。熱いうちに南蛮酢にジュッと浸し、②の野菜を順に鮭にかぶせる。❺器に盛って南蛮酢をかけ、赤唐辛子1本（分量外）を飾る。

Point
ガーゼにくるんだ粉を鮭にポンポンとまぶし、うまみを閉じ込めます。

生鮭は薄くそぎ切りに。

かぶ

● かぶら蒸し
（料理は67ページ）＊4人分

❶ゆり根½個はひげ根を包丁の刃先でえぐり取る。1枚ずつはがして大きいものは半分に切る。水から2～3分ゆでて、ざるに上げる。❷ぎんなん8個は殻を割り、薄皮を除く。にんじん40gは3㎝長さの千切りにし、しいたけ3枚はかさの汚れを拭き取り、軸を除いて薄切りにする。金目鯛の切り身2切れは半分に切る。❸浅めの平鍋にだし½カップ、みりん大さじ2、薄口しょうゆ大さじ1を入れて煮立て、金目鯛を加える。色が変わってきたらにんじん、しいたけを加えて2～3分煮、ゆり根も加えてさっと火を通す。ぎんなんとともに耐熱の器に等分に盛る。❹かぶ3個はすりおろす。別のボウルに卵白½個分を溶き混ぜ、かぶと合わせてよく混ぜる。③の器に等分にかけ、蒸気の上がった蒸し器で強火で5～6分蒸す。❺銀餡を作る。小鍋にだし1カップ、酒小さじ1、薄口しょうゆ小さじ½、塩小さじ⅓強、葛粉（または片栗粉）大さじ1½を入れてよく混ぜ、弱火で温めてとろみをつける。❻④に⑤を等分にかけ、わさびをのせる。

Point
すりおろしたかぶで、具を覆うように盛りつけます。

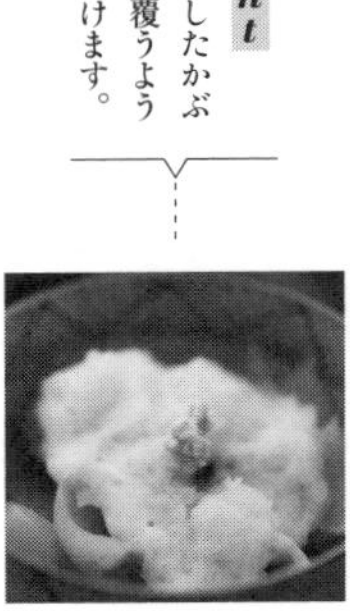

もう一品

メインは決まったけれど「あともう一品が決まらない」「急な一品どうしよう」……意外に多い悩みです

昔のお母さんたちは、家庭を守り、家で〝待つ〟存在でした。お父さんは外で働いて家族を養うのがお仕事。ですから、わが家のパパも、家に帰れば上げ膳据え膳が当然でした。時代は変わり、女性は男性と肩を並べて社会で活躍するようになりました。結婚、そして出産したあとも仕事を続けるのはごく普通のことで、家事は夫と分担するという方も多いでしょう。忙しくて時間がない、体調がすぐれない……というなか、それでも家族においしいものを食べさせてあげたいという気持ちは素晴らしいことです。

さて、ばぁばがよく聞くお悩みのなかに、メインディッシュは決めたのだけれど、もう一品が思いつかない。何かよい急ごしらえの一品はありませんか？　というもの。忙しい日々、お献立で頭を悩ますのもストレスになってしまうでしょうし、お料理をしたくないときもあるでしょう。頑張れないときには無理をしないことですよ。

たいていのご家庭の冷蔵庫には卵は常時あるでしょうし、お野菜だって袋入りで買うなすやきゅうり、または、大根やおいもなどの根菜程度はあるでしょうから、残りものを使い切るつもりで炒めものや煮ものを作ったり、サラダにしたりすればいいのです。

それに缶詰も特売のときなどに余分に買っておくとよいのよ。ばぁばは帆立の缶詰を常備しています。ちょっと値は張りますが、缶汁ごと炊き込みご飯にしたり、和えものにしたりすれば、あっという間にごちそうができますから、不意のお客さまにも慌てません。またツナ缶があれば、きゅうりやトマトと合わせるだけでボリュームのあるサラダになります。

もっと簡単にするなら、卵が便利です。主菜をお魚の塩焼き、あるいはお肉をさっと炒めたものにして、あともう一品はふんわり焼いた卵焼きや卵を使った炒めものに。お昼ご飯なら卵炒飯でさっとすませるのもよいでしょう。これに汁ものとお漬けものやサラダを添えれば、立派なお献立の完成です。

それから、「合わせるだけ」「和えるだけ」の簡単なおつまみのレパートリーをあらかじめ持っておかれると、突然のお客さまにも困りません。

ただ、酒肴は〝目で食べる〟ものでもあります。食材はシンプルでも見栄えよく手をかけて器を選び、美しい盛りつけを。どかっと盛っては興ざめですよ。相手を思う心を料理に込めて、「今日もおいしかった」「よくもてなしてくださった」と思ってもらえるお料理を積み重ねていってくださいね。


卵のカラザは取り除く？

卵を割ると出てくる白い塊をカラザという。栄養もあるのでそのまま食べてもいいが、よりなめらかな食感と仕上がりにするなら、箸でつまみ除いて。

もう悩まない！ 嬉しいプラス一品おかず

きんぴらや鍋しぎなど炒めものは、ちゃちゃっとおかずの代表選手。ご飯によく合います。季節の素材を焼きびたしにするのもおすすめです。「何度も作るうちに、〝わが家のあの味〟ができるようになりますよ」（ばぁば）

ばぁばのおすすめ「もう一品」メニュー

●なすとピーマンの鍋しぎ ＊4人分

❶なす4本とピーマン4個はへたを落として縦2つに切り、さらにピーマンは種とわたを除いて、食べよい大きさの乱切りにする。❷フライパンにごま油大さじ4を熱してなすを入れ、中火でよく炒める。油がなじんだら、酒・砂糖各大さじ3、みりん大さじ2、しょうゆ大さじ1を加えて弱めの中火で炒め煮にする。❸なすがやわらかくなったらピーマンを加えてさっと混ぜ、八丁みそ大さじ3をぬるま湯大さじ3で溶いて入れ、強火にしてなすとピーマンに絡ませる。❹器に盛り、七味唐辛子をふる。

Point
鍋しぎとは、みそ炒めのこと。豚肉もおすすめですよ。

●高野豆腐の卵とじ ＊作りやすい量

❶もどした高野豆腐1枚は薄い短冊切りに、干ししいたけ4枚ももどして薄切りにする。❷鍋にだし2カップを入れて熱し、酒大さじ2としいたけを加えてひと煮立ちさせる。みりん・砂糖・薄口しょうゆ各大さじ2、塩少量を加える。高野豆腐を入れて弱火で6～7分煮る。❸ざく切りにした三つ葉20本を散らして強火にし、溶き卵2個分を回し入れて火を止め蓋をする。数十秒蒸らす。

Point
焼いたあと、だしに浸すと〝焼きびたし〟になります。秋なら、エリンギ、しいたけなどを焼きびたしにしてすだちを搾っていただくのもおすすめ。

●なすの焼きびたし ＊4人分

❶つけ汁の材料（だし1カップ、薄口しょうゆ大さじ1、塩少量）を合わせておく。❷なすはがくに包丁の刃先でぐるりと切り目を入れて取り除き、竹串で3～4か所刺しておく。❸網や魚焼きグリルでなすを焼く。菜箸で軽く挟み、ふんわりとした感触があったら取り出し、氷水にさっとくぐらせる。皮をお尻のほうからがくに向かってむく。❹まな板になすを並べ、縦5～6本、横3等分に切る。へたは落とす。密閉容器に並べたなすにつけ汁をかけ、冷蔵庫で冷やす。❺器に盛り、おろししょうがと糸がきを適量のせて、最後につけ汁を静かに注ぐ。

●こんにゃくのきんぴら

＊作りやすい量

❶こんにゃく1枚は水からゆで、沸騰後5分おいて水に取る。余分な水分が抜け、クセが和らぐ。❷こんにゃくは横に4つに切り分け、それぞれ長方形の薄切りにし、さらに細切りにして長さを揃える。❸鍋にごま油大さじ1½を熱し、水気を取った②を炒め、種を除いた鷹の爪1本の小口切り、酒・しょうゆ各大さじ1½を加えて、鍋の縁がチリチリと鳴るまで炒める。❹バットにあけ、粗熱を取る。

●大根の皮のきんぴら

＊作りやすい量

❶大根の皮200gは4cm長さの千切りにし、盆ざるに広げて約2時間、日に当てて干す。❷鍋にごま油大さじ3を熱して①を入れ、中火でまんべんなく炒める。❸酒大さじ2、薄口しょうゆ大さじ1½を加えて手早く炒め合わせ、七味唐辛子を少量をふってバットにあけ、粗熱を取る。

●かぼちゃの甘煮

＊作りやすい分量

❶かぼちゃ600gは種とわたをかき取り、食べやすい大きさに切る。わた側をまっすぐに切り落とし、すぐに3分ほど水に放しざるに上げる。❷皮側に包丁をすべらせ、自然に刃が当たる部分の皮をむく。❸鍋にかぼちゃを入れ、ひたひたになるくらいの水、砂糖大さじ6、薄口しょうゆ大さじ1を入れて強火にかける。❹煮立ってアクを取る。砂糖が溶けたら少し火を弱めて落とし蓋をして、汁気がなくなるまで煮る。竹串を刺してスッと通ったら、バットに広げて余分な水分を飛ばす。

Point
強火で一気に炊き上げて。
弱気で煮ると
かぼちゃがベチャッとなります。
ここは強気でひるまずに！

●きのこづくしの山かけ

＊2人分

❶しいたけ3枚は軸を除いて薄切りに、まいたけ⅓パックは食べやすくちぎる。しめじ⅓パックは根元を落として小房に分ける。えのき茸⅓袋は根元を落とし、長さを半分に切る。❷鍋に①を入れ、だし⅓カップ、みりん・薄口しょうゆ各大さじ2を順に加えて中火にかける。菜箸でやさしくあたって汁気がなくなるまで煮、バットにあける。❸皮をむいてすりおろした長いも1カップは塩小さじ⅕を加えてよく混ぜる。器にきのこを盛り、長いもをかける。青のり少量を散らして完成。

常備品で作る！ 慌てない急ごしらえ料理

買い物に行けなかった、急な来客が……。そんなピンチのときに役に立つのが、缶詰や乾物、みそだれや甘酢に漬けた作りおき。もちろん冷蔵庫のなかのいつもの食材も使い回してスマートに乗り切りましょう。

急ごしらえのメニュー

●帆立缶とクレソンの辛子酢じょうゆ　＊4人分

❶汁をきった帆立の貝柱1缶と、3～4㎝長さに切ったクレソン½束を用意する。❷ボウルにだし汁・酢・しょうゆ各大さじ1、溶き辛子大さじ½をよく混ぜ合わせる。❸器に粗くほぐした貝柱、まわりにクレソンを盛り、食べる直前に②をかける。

●コンビーフのおろし和え　＊4人分

コンビーフ⅔缶、大根おろし1½カップをさっと混ぜ、器に盛って、千切りした青じそをのせ、しょうゆをたらす。

●キャベツと揚げの煮びたし　＊作りやすい量

❶油揚げ2枚は熱湯をかけて油抜きをし、縦半分に切り4～5㎜幅に切る。❷キャベツ400gは硬い芯の部分を取り除き、2㎝幅×4㎝長さのざく切りにする。❸底が広く浅い鍋にだし1½カップを煮立て、みりん大さじ4、薄口しょうゆ大さじ2、塩ひとつまみを加える。油揚げを加えて煮立ったら弱火にし、2～3分間煮る。キャベツを加え、弱めの中火でしんなりするまで軽く混ぜながら3～4分煮る。食べる直前に皮ごとおろしたしょうが適量を汁ごとかける。

Point
だしに浸して薄味に煮るのが「煮びたし」。だしに浸けるだけなら「おひたし」、長時間煮込むと「煮もの」です。

●揚げなすの田楽　＊4人分

❶賀茂なす（丸なす）3個は固く絞った布巾でよく拭く。へたを落として1㎝厚さの輪切りにし、格子状に切れ目を入れる。❷揚げ油を165〜170℃に熱し、なすを静かに入れてゆっくり揚げ焼きにする。取り出して油をよく切る。❸器に盛り、常備しておいたゆずみそ（作り方は120ページのみそだれの項）を塗り、白ごまをふる。

Point
細かい切れ目を入れて火を通りやすく。揚げずに、フライパンで両面をやわらかくなるまで焼いて、みそを塗れば「なすのしぎ焼き」に。

●大根とサーモンの博多造り　＊4人分

❶大根適量は薄い短冊切りにして20枚ほど用意し、立て塩をしてしんなりとさせる。❷大根の水気をよく切り、スモークサーモンの薄切り適量を交互に重ねて3段にし、ラップできっちりと包んで冷蔵庫に30分ほどおく。縦半分に切ってわさびをのせ、水菜少量を添える。サーモンを生ハムに替えても。

Point
「博多造り」とは、色が異なる材料を交互に盛って見栄えよくしたもののこと。

●きゅうりのおつまみ　＊作りやすい量

❶きゅうり1本は天地を落とし、成り口の皮を包丁の先でむく。まな板にのせ、塩少量をふって軽く板ずりして洗う。❷皮を一部むき、縦半分に切って種をスプーンできれいに除き、3等分する。❸たたき梅やチーズ、ツナなどをのせ、貝割れ大根少量を添える。

Point
とりあえずの箸休めに。漬けもの代わりにもなる。

卵を使いこなせると、料理は楽しい！
まずは基本の代表選手をマスター

常備食材の代表といえば卵。登場回数も多く、腕次第で料理の幅がグンと広がります。まずは基本の薄焼き卵とだし巻き卵をマスターしましょう。「とくに薄焼き卵は、ちらし寿司や和えものなどに欠かせない名脇役。ぜひコツを覚えてください」（ばぁば）

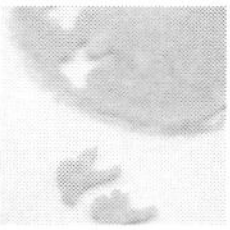

薄焼き卵の焼き方

＊3枚分

1 卵を割りほぐす

ボウルに卵2個を割り入れて菜箸でカラザを取り除く。塩少量を加え、卵白を切るように菜箸でつまんで4～5回持ち上げたあと、ボウルの底をこするようにして混ぜたら、卵漉し器でそっと漉す。

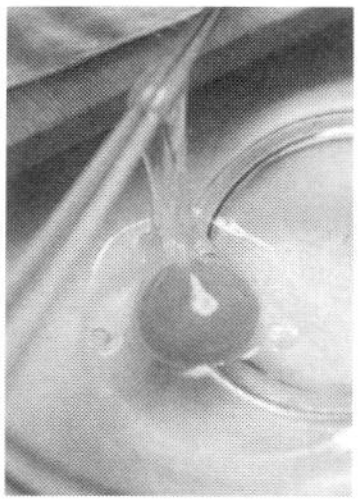

Point カラザを除いて白身を切ります。

2 フライパンに流し入れる

フライパンを弱めの中火で熱して、サラダ油をひき、玉じゃくし1杯分の卵液を流し入れる。

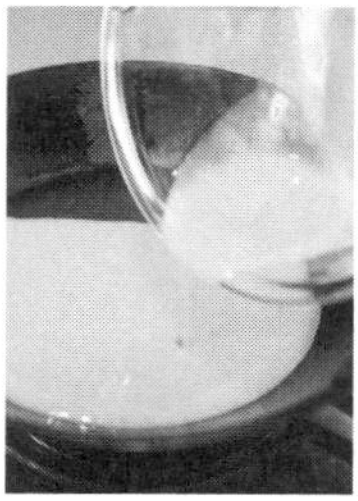

3 手早く回し広げる

一旦、フライパンを火から外して卵液を手早く回し、全体にまんべんなく広げる。

Point 一旦、フライパンを火から外して。

4 箸でひっくり返す

③を火にもどし、卵の表面が乾いてきたら火を止め、卵の周囲を菜箸でそっとはがし、すぐに向こう側から箸1本を下に入れて、箸を回しながらはがしてひっくり返し、余熱で焼く。

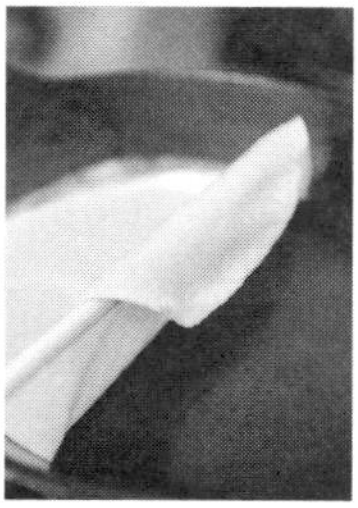

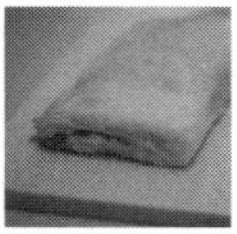

だし巻き卵の焼き方

(料理は161ページ) ＊卵3個分

❶ 卵を割りほぐす

カラザを取り除いた卵3個に、だし大さじ2、砂糖大さじ½、薄口しょうゆ小さじ1、塩少量を加え、薄焼き卵同様、卵白を切るように混ぜ、卵液を漉し器で漉す。

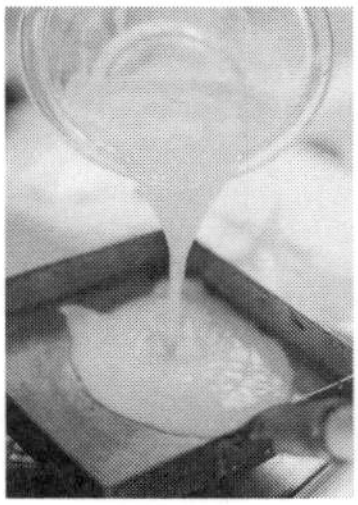

❷ 卵焼き器に流し入れる

卵焼き器を中火で熱し、サラダ油適量を含ませたカット綿でまんべんなく油をなじませる。①の⅕量を流し入れる。

❸ 卵液を全体に広げる

手早く卵焼き器を傾けて卵液を全体に広げる。ブクブクとふくらんだら菜箸でつついてならし、半熟になるまで焼く。

Point

卵焼き器を傾け奥を低くし、卵を折りながら反動で上げると、卵の回転がよくなってきれいに巻けます。

❹ 手前に折りたたむ

卵の向こうの縁を菜箸ではがし、軽くはさんで手前に2回折って三つ折りにする。向こう側のあいた部分に、カット綿で軽く油をひく。

❺ 卵を奥に押し、卵液を追加

巻いた卵を奥に押しやり、手前のあいた部分に油を軽くひく。残りの卵液の¼を流し入れ、卵焼き器を奥側に傾け、卵を箸で持ち上げて下に卵液をまんべんなく広げる。

❻ 「折りたたむ」をくり返す

半熟程度になったら卵を箸ではさみ、手前に折って箸を抜き、また折る。残りの卵液を3回に分けて同様に焼く。焼き終わったら、巻きすで形を整える。

卵で即席メニュー

● 錦糸卵のお吸いもの

＊2人分

❶薄焼き卵を半分に切って重ね、きっちり丸めてごく細く切る。❷小鍋にだし2½カップ、塩小さじ⅔、薄口しょうゆ小さじ½、酒小さじ1を入れて煮立てる。❸お椀に①をほぐして入れ、熱々の②を注ぐ。木の芽をあしらう。

● しめ卵椀

＊2人分

❶沸騰した湯4カップに塩少量を加え、割りほぐした卵3個分を万能漉し器で漉しながら入れる。❷色が変わったら布巾を敷いたざるにあける。❸布巾で巻いて両端を輪ゴムでとめ、巻きすで形を整える。❹だし3カップを煮立てて、塩・薄口しょうゆ各少量で調味。❺椀に③を食べやすく切って入れ、ゆでたえび、薄味で煮たしいたけ、三つ葉を加えて、熱々の④を注ぐ。

主役にも脇役にもなる毎日の卵料理

卵は火にかけてからが勝負です。「もたもたしてはだめよ。あっという間に焦げたり、ぼそぼそになってしまったりするから。熱しやすく冷めやすきも卵なのです。とくに炒めものはすぐにいただけるように段取りを」（ばぁば）

ばぁばのおすすめ卵料理メニュー

●木犀肉《ムシューロウ》（きくらげの中華炒め）

（料理163ページ）＊4人分

1 材料を切る、もどす

たけのこの水煮150gは、天地を少し落として形を整え、大きめのひと口大に切り揃える。きくらげ70gは水でもどして食べやすい大きさに切っておく。ねぎ¼本は斜め薄切りにする。豚バラ薄切り肉はひと口大に切る。

2 卵をふわっと炒める

卵3個をボウルに割り入れカラザを除き、白身を切りながら混ぜる。中華鍋を強火で熱し、煙が立ったらサラダ油適量を入れて卵を一気に流し入れる。底が固まってきたら下から大きく返して、ざっくりと熱を通して別の器にあける。

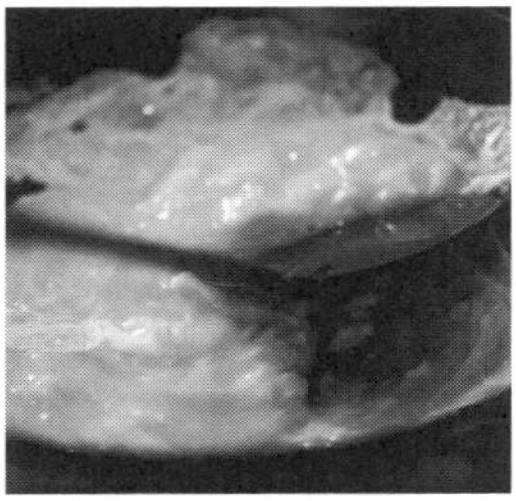

3 肉、野菜、きくらげを炒める

同じ中華鍋にサラダ油を入れ、豚バラ肉をほぐしながら加える。色が変わったらねぎ、たけのこ、きくらげを入れ、酒・砂糖・しょうゆ各大さじ3、みりん大さじ2を入れて全体に炒める。

4 卵を戻す

②の卵を中華鍋にもどし、さっと③と合わせ炒めて、すぐにバットにあけ、器に盛る。

Point 半熟状態で取り出した卵を、もどして仕上げて。

●卵のしょうゆ煮

＊2〜3人分

❶卵3個は、塩・酢各少量を加えた水からゆで、沸騰後約13分で冷水にとり、殻をむく。❷小鍋に、だし汁1½カップ、酒大さじ3、しょうゆ大さじ5、塩少量を入れ煮立て、①のゆで卵を7〜8分煮る。❸冷ましてから、輪切りにして盛る。

●卵だけ炒飯《チャーハン》

（料理161ページ）＊2人分

❶卵2個はカラザを取って、粗く溶く。❷中華鍋を煙が出るくらいまで熱し、サラダ油大さじ1を入れて鍋肌になじませる。溶き卵を一気に入れ、へらで手早くざっくり炒めて取り出す。❸ふたたび中華鍋にサラダ油大さじ2をなじませ、温かいご飯茶碗3杯分を入れ、へらで鍋に押し付けるように炒める。下に押すようにすると均等にパラリとほぐれる。❹ご飯がほぐれたら卵を中華鍋にもどし、塩小さじ1、こしょう少量をふって手早くまんべんなく混ぜる。酒・薄口しょうゆ各小さじ1を鍋肌から加え、あれば「味の素」をひとふりする。❺よく炒めたら器に盛り、サラダ菜、好みでたくあんを添える。

Point

中華鍋に押しつけるように炒めると、ご飯がパラパラに。調味料は鍋の縁を伝わせるように「鍋肌から入れる」のがコツ。味にムラが出ることを防ぎ、香ばしい風味が出ます。

●ふわふわスクランブルエッグ

＊2人分

❶卵2個は30分前に冷蔵庫から出し、常温にもどしておく。❷小さめの鍋に卵を割り入れ、バター大さじ1、塩ごく少量を加えて弱火にかける。鍋に直接割り入れてから塩を加えるのがポイント。ボウルなどで塩を入れて溶きほぐすと、余分な水分が出て、バターを吸収しにくくなる。❸木べらなどで手早くかき混ぜて底が固まってきたら、かき混ぜる手は休めずに火から下ろす。火にもどしてまた火から下ろすを好みのやわらかさになるまで続ける。❹生クリーム大さじ1を加えてひと混ぜしてできあがり。

Point

卵をかき混ぜる手を最後まで休めないこと。スモークサーモンを添えると、ホテルの朝食のようなひと皿に。

体にやさしい料理

「ちょっと疲れたな……」と感じたら、消化のよい温かい食事を

2009年に夫が亡くなってから5年間、生まれてはじめてひとり暮らしをいたしました。お料理教室や取材などがあり、日中は助手さんや取材スタッフの方々で賑やかなのですが、しばらくは、夜になるとやはり寂しくて寂しくて……。しかし、ひとりでも人生は続きます。お昼になればお腹がぐぅと鳴り、3時になればお紅茶を入れてお菓子をいただきたくなります。

一日3食、命が喜ぶ食事を摂ることを欠かしてはいけません。明日の健康は今日の食事が作るのですから。ばぁばも、ときにはるんるんと外食に出かけ、ときには娘たちに「おかあちゃま、食べ過ぎよ！」とたしなめられながらも、「人間、食べられるうちが花なのよ」と食欲に忠実に生きてきました。

人さまに「旬を大切に。食べることは生きること」と説いて約50年。パパの介護や歳を重ねた自分自身の管理で、体調のいい日、悪い日に合わせた料理について深く考えるようになりました。

パパさんが愛した「卵だけ炒飯《チャーハン》」

ばぁばの夫・清佐さんが生前、「卵だけで十分だね」と好んだ昼食の定番。卵とご飯をよく絡めて炒めたパラパラ炒飯。

(→卵だけ炒飯の作り方159ページ)

「パラリとした
炒飯にするコツは、
温かいご飯を使うこと。
ご飯をへらで押しながら
炒めること。
ご飯は押してほぐすのよ」

やさしい味にほっこり「だし巻き卵」

やさしい甘みが嬉しいばぁばのだし巻き。焼き終わったら、巻きすで整えるひと手間を惜しまずに。

(→だし巻き卵の作り方157ページ)

帆立の缶詰を使って簡単に「北国ご飯」

うまみがギュッと濃縮された帆立缶。缶汁ごと旬の根菜と一緒に炊き込むだけで極上の食事が完成。豚汁など具だくさんの汁椀を添えれば栄養満点。

（→北国ご飯の作り方180ページ）

「お料理はね、恋愛と一緒なの。
まずは相手（材料）を知って、
ちょうどいい接し方を研究する。そうすると、
『今日はちょっとご機嫌ナナメね』
（鮮度が今ひとつ）などと
勘でわかるようになってきますから、
お料理もしやすくなります。

ばぁばのスパゲティー「ツナと大根おろしのまかないパスタ」

料理教室後や撮影の合間に、ばぁばが助手さんとよく食べる定番お昼ご飯。大根おろしの汁もスープ代わりにたっぷりと。

（→ツナと大根おろしのまかないパスタの作り方180ページ）

そして、自分のこともわかるようになって、
ケンカしても（調子がよくないときでも）、
うまく折り合いが
つけられるようになるのよ。
肩の力を抜いて、失敗を恐れないこと。
継続は愛なり、ですよ」

ご飯がすすむスタミナおかず
「木犀肉《ムシューロウ》（きくらげの中華炒め）」

卵を金木犀の黄色い花に見立てた、台湾の炒めもの。パパさんと訪れた台湾ではじめて食べて感動。パパさんの大好物。

（→木犀肉の作り方158ページ）

鈴木家の伝統レシピ「ライスカレー」

ばぁばの母・お千代さん考案の辛くないカレー。具材はひと口大に切って食べやすく、煮込みも不要。さらさらとおいしく、胃にもやさしい“おふくろカレー”。

（→ライスカレーの作り方181ページ）

「今やお正月には、
黒豆、数の子、
田作りとお雑煮が
あれば十分。
どうか元日の
祝い膳は
家族全員で囲んで
いただきたいと、
切に願います」

家族の息災を祈って「祝い肴三種」

黒豆は皺がよるまで息災に。田作りは豊作を、数の子は子孫繁栄を祈願する。余力があれば、紅白なますやお煮しめも用意すると、祝い膳が華やかに。

（→祝い肴三種の作り方184ページ）

「数の子は多めに
用意なさる
といいわ。
松前漬けにすると
ちょっと気の利いた
酒菜になります。
急なお客様にも
重宝します」

数の子上級者
「松前漬け」

いつもの和えものやサラダに、高級食材をプラスすると、おもてなしの一品に。数の子は松前漬けにぴったりなじみ、おせちに飽きた口にも新鮮。

（→松前漬けの作り方185ページ）

ハレの日の
お祝いに
「いちご煮」

ばぁばの出身地、青森県八戸市の伝統料理で、あわびとうにをすまし汁にしたおもてなし椀。年に一度、ばぁばの料理教室のお楽しみにもなっている。

（→いちご煮の作り方
187ページ）

「子供が小さいときは
お重に家族の好物を
いっぱい詰め込んで、
近所の公園でピクニックを
したものでした。
家族の特別な食の時間も
大切にしたいですね」

ある晴れた日に…
ばぁばの「行楽弁当」

高級食材は必要なし。いつものおかずにちょっと手をかけ、盛りつけを工夫するだけで、目にも新鮮なよそいき弁当に。

（→行楽弁当の作り方186ページ）

ばぁばの料理教室では、台所でばぁばが料理を実況中継。下ごしらえや昔ながらのわざを、軽妙な語り口で解説する。

「組み合わせてみたら
おいしかった、
オリーブオイルで
和えたら
風味がよくなった。
お台所に立つ人は
みな、
〝料理研究家〟なの」

毎年、年を追うごとに夏の暑さが厳しくなっているような気がします。昔と違って冷房がありますから、室内で汗をかいたり熱中症で倒れたりすることは少なくなりましたが、それはそれで知らぬ間に体が冷え切ってしまう「冷房病」が心配です。それでなくとも冷えや貧血に悩む女性は多いですし、更年期には何かと体調に不具合も起きるでしょう。普段から冷えない体にしておきたいものです。

見直してほしい、理に適った「おかゆ」の効能

そんな冷えや「なんだかつらい」におすすめしたいのが、おかゆです。

おかゆというと〝病気のときに食べるもの〟というイメージがありますが、そんなことはないのよ。ご飯よりも消化が早く、内臓に負担をかけずに栄養を摂ることができます。また、おかゆは体を温めて免疫力も高めてくれますから、とても理に適ったお米の食べ方なのです。

とはいえ、おかゆだけではカロリー不足で、噛むことがおろそかになるのも難点。そこで、たんぱく質をはじめ歯ごたえと栄養のあるおかずを添え、バランスを整えましょう。ばぁばのおすすめは、「いもがゆ」と「豚みそ」の組み合わせです（作り方は172ページ）。おかゆにさつまいもを加えることで歯ごたえも出ますし、豚みそはたんぱく質たっぷり。白いご飯にもよく合います。冷蔵庫で3～4日は保存できますから、作り置きなさるとよ

麺をゆでるときの「びっくり水」

「びっくり水」とは、麺類や豆類をゆでる際に、ふきこぼれそうな状態の湯に冷水を加えること。ふきこぼれを防ぎ、ゆであがりを均一にする効果がある。「差し水」ともいう。

いと思います。

食欲がない、あるいはあっさりしたものですませたいときは「うずみ豆腐」（作り方は173ページ）を。絹ごし豆腐を炊きたての白飯にのせ、その上から吉野葛餡をたっぷりかけた簡単かつ上品なかけご飯です。おもてなしにも喜ばれますよ。

大豆たんぱくが豊富なお豆腐や納豆などは、冷蔵庫に常備しておきたい食材です。お肉やお魚を料理するのがおっくうなときにしっかり栄養が摂れるすぐれもの。お野菜との相性がよいのもお利口ですね。また、調味におみそをちょっと加えると口当たりがよくなって、案外するすると食べられるものです。

もたれがちな胃には麺類もおすすめです。とくに夏場はおそうめんの季節。キンと冷えた喉ごしのよいおそうめんは、口に涼を運んでくれます。

おそうめんはゆで上がってからが勝負。すぐにざるに上げて冷水を勢いよくかけ、手早く粗熱を取ります。熱いうちに素手で触ってはいけませんよ。昔から「脂粉の香りが移る」と言います。手の脂やお化粧のお粉が麺に移って味を損ねるのです。粗熱が取れたら、お洗濯をするように流水でジャブジャブと、水が澄むまで洗います。最後に氷水に入れて、麺をキュッと引き締めることをお忘れなく。

おかゆ同様栄養不足になりがちなので、精進揚げを添えたり、具と薬味を盛ってぶっかけ麺にしてみましょう。手軽だからこそ、ひと手間でおいしくいただく工夫を、ね。

食欲のない日のメニュー

●空也蒸し（料理は72ページ）

＊3～4人分

❶ボウルに卵3個を割り入れ、菜箸で卵白を3～4回つまみ上げて切り、泡立てないように溶きほぐす。だしカップ2¼、酒小さじ2、塩小さじ1、薄口しょうゆ小さじ1を加えてよく混ぜ、濾し器で漉す。❷絹ごし豆腐½丁は2㎝厚さの色紙形に切り、薄口しょうゆ小さじ1を回しかける。❸耐熱の器に豆腐を入れ、①の卵液をカップ¼ほど残して注ぎ入れる。蒸気の上がった蒸し器に入れ、強火で1分間、弱火にして16～17分間蒸す。❹蒸し上がった③に、にんじんやかまぼこ（薄切りし、さっとゆでて梅型で抜く）適量をのせ、残しておいた卵液を注ぐ。再び強火で軽く蒸し、表面が固まったら取り出し、刻んだ三つ葉の茎少々を散らす。

Point
豆腐は軽くしょうゆ洗いを。

Point
豆腐と卵。手軽で経済的な料理なのに、大鉢で蒸せば立派なごちそうに。

食欲がないとき、しんどいとき。お腹にやさしいひと皿がいちばんの特効薬

「季節の変わり目は体調を崩しやすいもの。また、冷えなど女性ならではの悩みもありますね。食欲がないと、つい簡単なものですませがちですが、不調なときこそ、体に負担をかけず、しかし栄養のあるものを」（ばぁば）

ばぁばのお腹じんわりメニュー

●いもがゆと豚みそ

＊2～3人分

【いもがゆ】

❶さつまいも200gは皮を厚くむき、1・5cm角に切って水にさらしたあと、流水で洗ってざるに上げておく。❷米1カップは手早く研いで土鍋に入れ、水6カップを加えて20分ほど置く。強火にかけて湯気が出始めたら弱火にし、蓋の間に割り箸をかませて（吹きこぼれ防止に隙間をあけるため）、30分炊く。❸②にさつまいもを加え、さっとひと混ぜしてから蓋をして、さらに10分炊く。

【豚みそ】

❶干ししいたけ3枚は水でもどし、しっかりと絞って石突きを取り除き、3～4mm角に切る。皮をむいたにんじん40g、たわしでこすり洗いしたごぼう30gも3～4mm角に切る。ごぼうは酢水にさらして水気をよく切る。❷鍋にサラダ油大さじ1を熱し、①を入れて中火でよく炒める。火が通ったら豚ひき肉200gを加え、さっと炒め合わせる。だし汁1カップ、酒・しょうゆ各大さじ1、みりん大さじ3、砂糖½カップを加え、4～5分煮る。❸八丁みそ100gを煮汁で少しのばしてから加え、木べらなどで全体を混ぜながら、弱火でゆっくりと練り上げる。照りが出てきたらバットに移して冷ます。器に盛り、しょうがをのせる。豚みそは冷蔵庫で3～4日間保存可能。

Point
やさしい味のいもがゆに、こっくり味の豚みそをのせて。さつまいものほんのり甘みも嬉しい。

●うずみ豆腐　＊1人分

❶小鍋にだし汁1½カップを煮立て、2cm角に切った絹ごし豆腐½丁を入れる。酒小さじ1、塩・薄口しょうゆ各小さじ½を加え、弱火で3～4分煮る。❷別の小鍋にだし汁1カップと酒小さじ1、塩小さじ⅓、薄口しょうゆ小さじ½、本葛大さじ1½を入れ、木しゃもじでまんべんなく混ぜてから中火にかけ、丹念に混ぜながら火を通してとろみをつける。透き通ったら火を止める。❸お椀にだし汁と切った豆腐を敷き、炊きたてのご飯をのせ、熱々の②をたっぷりとかけてわさびを添える。

Point
うずみ豆腐とは、元々藁灰《わらはい》にうずめておいた豆腐を、味つけしてさいの目に切り、炊きたてのご飯にのせたもののこと。

●もちのビーンズスープ仕立て　＊1人分

❶生しいたけ1枚は軸を除いて笠を拭いて小角切りにする。セロリ3cm分、ベーコン少量、もち1個も小角切りに揃える。❷鍋にだし汁1カップを入れ、塩小さじ⅓、薄口しょうゆ少量、酒小さじ1を加えてひと煮立ちさせる。❸②にもち以外の①を加える。❹もちをオーブントースターなどでこんがりと焼く。器に入れ、③を具ごとかける。

滋味たっぷりのスープを召し上がれ。

喉ごしのよい麺は夏の定番。お薬味たっぷりで召し上がれ

麺類はなんといっても段取りが肝要です。ゆで上がったらすぐにいただけるよう、薬味やつゆ、副菜などを用意しておきましょう。「『塗り箸でそうめんを食う』ということわざがあります。滑ってつかみにくいことから、物事が安穏に進まないことのたとえですが、おそうめんに塗り箸はおかしいの。とくにおもてなしでは、くれぐれもお気をつけて」（ばぁば）

麺のゆで方

●そうめん

❶大鍋に湯を用意

できるだけ大きな鍋にたっぷりのお湯をたぎらせて、あらかじめ帯を外しておいたそうめん（食べる人数分）を一気に入れる。

❷麺をゆでる

麺が固まらないよう、菜箸で2～3回大きくかき混ぜ、次の煮立ちを待つ。差し水が必要か、火を弱めるかは袋の表記に従うこと。

❸硬さを確認

吹きこぼれそうになったら、差し水か火を弱めてひと呼吸おき、何本か麺を噛んで硬さを確かめる。

Point
麺が躍るくらい湯はたっぷりと。そばやうどんなど太めの麺は、吹きこぼれそうなときは差し水をします。

❹ざるに上げる

好みの硬さにゆでたら、すぐにざるにあけ、冷水を勢いよくかけて粗熱を取る。麺が熱いうちに触らないこと。手の脂がつき、味を損ねる。

❺もみ洗いする

粗熱が取れたら、ぬめりが取れるまで流水の下で洗濯をするようにジャブジャブもみ洗いする。（温かくして食べる場合は、もみ洗い後だし汁へ）。

❻氷水で麺を締める

氷水に入れて麺を締める。氷水を張り、ガラスの器などに盛る。そうめんつゆ（作り方は117ページ）でいただく。

Point
ジャブジャブ洗うのは、麺の表面についた小麦粉のぬめりを取るため。

ばぁばの夏バテ麺メニュー

●五色そうめん
＊2〜4人分

❶そうめんつゆ（作りやすい量）を作る。鍋に水4カップ、みりん・薄口しょうゆ各1カップ、酒大さじ2、削り節大きくひとつかみを入れて中火にかけ、沸騰したら弱火で1〜2分煮る。冷めたらきつく絞った布巾で濾し、冷蔵庫で冷やしておく。❷薄い小口切りにしたきゅうりと拍子木切りにしたにんじんは、立て塩にし、しんなりしたら水気をきつく絞っておく。みょうがは薄い輪切りにして水に放ち、水気を絞る。❸ゆでたそうめんを器に盛り、下段のむしり鶏やえび、なすの油いりなど好みの具を彩りよくのせ、②の薬味を散らして①のつゆをかける。

そうめんと一緒に。具と薬味5種

そうめんはそのままいただくのもいいですが、多彩な具や薬味を用意するとごちそうになります。

〈むしり鶏〉鶏ささ身2本は薄皮と筋を取り、縦に包丁を入れ開き、塩こしょうする。小鍋に入れ、酒大さじ3をふってアルミ箔をかぶせ、弱火で蒸し煮。冷めたら手で細かくむしる。

〈ゆでえび〉えびは背わたを抜いて下ごしらえし、塩少量を入れた熱湯でさっとゆでて殻をむく。

〈なすの油いり〉なすはきつく絞った濡れ布巾で汚れを拭く。へたを切り落として長さを半分に切り、縦半分に切ってから薄切りにする。フライパンにごま油を多めに熱し、なすを入れて中火でゆっくり炒める。

〈薬味〉おろししょうが、あさつきの小口切り、みょうがの薄切り、錦糸卵、オクラの塩ゆで（小口切り）、溶きがらしなど。薄切りにし、さっと塩ゆでしたきゅうりもよい。溶き辛子は花形に切ったきゅうりの台にのせると風情が出る。

●豚バラ肉と夏野菜の南蛮みそうどん
＊2人分

❶ボウルに八丁みそ・砂糖各大さじ3、しょうゆ大さじ1を入れてよく溶き混ぜる。トマトケチャップ・ごま油各大さじ2、酢大さじ3、一味（あるいは七味）唐辛子適量を加えてさらに混ぜる。❷しゃぶしゃぶ用豚バラ肉200gは長さを2〜3等分し、たっぷりの熱湯に少量ずつふりながら入れて火を通し、ざるに上げる。❸オクラ4本は塩をたっぷりまぶして板ずりし、塩がついたまま熱湯で1分ほどゆでて冷水に取る。水気を切って小口切りにする。❹紫玉ねぎ1/3個はごく薄切りにして冷水に放してからざるに上げ水気を切る。きゅうり1本は天地を落として斜め薄切りして千切り、プチトマト5個はへたを落として縦4つ切りにする。❺熱湯にくぐらせて氷水にとり、よく水気を切ったうどん2玉をそれぞれ器に入れる。青じそ適量とともに②〜④を彩りよく等分に盛り、①を添える。

Point
南蛮みそはガラスの密閉容器に。冷蔵庫で1か月保存可能。

忙しい日の料理

たとえ大忙しの日でも、「おいしかった」が聞ける食事を

子育てがひと段落し、46歳のときに『きょうの料理』で〝料理研究家〟としてデビューしてからというもの、まさに仕事に忙殺される日々が60代まで続きました。月の半分がお料理教室、半分が撮影、生徒さんも120人ぐらいいましたから、朝から二部構成にして毎日てんてこ舞いでした。

今となっては古い考え方なのかもしれませんが、パパの食事や身の回りのお世話を人に任せたことはありませんでした。撮影用のお料理を仕込みながら夫のお膳を用意して、早朝にスタジオ入りするときはおむすびとお漬けものを置いて行くの。どうしても食事の用意が間に合わないときは娘たちに頼んで行くのですが、あるとき、娘の握ったおむすびをひと口食べて、「ん? これは、ちゃーちゃんのじゃないね」と呟いたそうです。〝料理研究家〟という肩書きをいただいて、テレビなどで日本料理をお伝えする機会を得ましたけれど、あくまで鈴木清佐の妻が私の身上。パパのお世話をおろそかにしたら、〝日本料理研究家・鈴木登紀子〟も存在いたしません。たとえ時間がない中でも、家族の命を紡ぐお

料理において、手を抜いたことは一度たりともありません。

料理教室や撮影の合間の「ちゃちゃっとまかない」

そうは言っても、どうしても時間に追われてしまうときもあります。そんなときは1品でもよいので、腹持ちがよく、おいしい料理を用意したいものです。

ばぁばのお料理教室では毎回10品ほど作って、生徒さんにお召し上がりいただいております。最後のお茶とお菓子をお出しするのがだいたい午後1時過ぎ。おせち料理など手のこんだものになりますと、生徒さんをお見送りするのが午後2時を過ぎることもあります。

私と助手さんがお昼ご飯をいただくのはそのあと。すぐに取材などが入っている場合もありますから、生徒さんたちがお茶を飲んでいらっしゃる間に準備を始めて、最後の生徒さんが玄関を出られたら、ちゃちゃっといただくのです。

メニューはそのときによっていろいろですが、いつも助手さんたちに人気が高いのが「ツナと大根おろしのまかないパスタ」です（作り方は180ページ）。ゆでたてのスパゲティーに大根おろし、ツナ、細切りにした大葉をのせておしょうゆをかけるだけ。もうびっくりするほど簡単なのに、感動的においしいの。ポイントは大根おろしを絞らないこと。おしょうゆと相まって最高のソースになります。腹持ちもよいので、ここぞというときの定番になっています。

また、帆立の缶詰を使った炊き込みご飯「北国ご飯」（作り方は180ページ）も、スケジュールが立て込んでいるときにほっとおいしい一品です。炊き込みご飯は手間がかかると思われがちですが、お米と材料を合わせて火にかければ、あとは時間が作ってくれますから面倒なことはないのです。帆立缶は少々値が張るものの缶汁が最高のおだしになりますし、お米さえ炊く1時間前に洗って浸水させておけば、残る作業は調味料と缶汁を入れて炊くだけ。沸騰したらほぐした帆立を入れて数十分後にはごちそうご飯の完成です。これにかき玉汁とお漬けものでも添えれば、ぜいたくなまかない膳になります。ちなみにばぁばは、お漬けものは産地のおいしいものを取り寄せて、どんと食卓に出しています。

煮込まなくていいハイカラカレー

ばぁばが子供のころ、明治生まれの母が作ってくれたカレーは、当時ではハイカラな「ライスカレー」（作り方は181ページ）。材料が全部スプーンにのるくらい食べやすく切り揃えられ、もちろんカレールウなどない時代ですから、小麦粉とカレー粉、ウスターソースなど調味料を合わせて作るさらさらのカレーでした。

以来、わが家で〝カレー〟といえば、このライスカレーのこと。娘たちもお千代さんのライスカレーで育ち嫁ぎましたから、かれこれ100年にわたる鈴木家伝統のレシピです。材料を小さく切り揃えたり、調味料を合わせていく手間はありますが、煮込まないのがこの料理の特徴。お鍋に全部材料が入ってからは、あっという間にできあがります。昨今は、カレールウを使ったカレーが食べられないという子供さんも多いと聞きますから、ぜひお試しください。

ところで、パパはお料理に関しては「あれが食べたい」「これはいやだ」など、めったに注文をつける人ではなく、お料理はもちろん一切しませんでしたが、ある年のお正月、あれは磯辺焼きだったかしら、おもちを焼いて食べているときに、「台北には『葱餅（ツオピン）』というおもちのおやつがあってね。また食べたいなあ」と話し始めたのです。台湾の台北育ちのパパは、屋台文化が庶民の生活に根づいた中で育ち、とりわけ小麦粉を練った生地にねぎを入れて焼いた葱餅が大好物だったのだそうです。

「これは作ってみなくちゃ！」とパパに詳しく話を聞き、ばぁば風（作り方は181ページ）を作ってみたところ、「おいしいね、懐かしいね」と大好評。以後、毎年ねぎがおいしくなる冬には、お正月のおもちの在庫処分も兼ねて、いそいそと作ったものです。おねぎのねっとりとした甘み、バターの風味と甘辛じょうゆがおもちに絡んで、なんとも幸せを感じるお味なの。受験生や、在宅勤務で夜遅くまで机に向かうご家族がいらっしゃるなら、熱いほうじ茶と一緒に夜食代わりに支度してあげてくださいな。

ばぁばの常備菜

鈴木家の、ご飯のお供になる常備菜いろいろ。

〈鮭のホロホロ〉 甘塩鮭、しょっぱい塩引き鮭のそれぞれをこんがりオーブンで焼き、骨、皮を取り除いてほぐし混ぜたもの。いりごまを加えても。

〈たたき梅・もみのり・白ごま〉 パパさんが大好きだったたたき梅は、おむすびやご飯のお供の必需品。もみのり、白ごまを合わせるとさらにおいしい。

〈みそだれ〉 西京みそに、砂糖、みりんを混ぜて練ったものが基本。これに辛子と酢を加えれば辛子酢みそ、ゆずの皮をすりおろしたらゆずみそ。（作り方は118～120ページ）

忙しい日のばぁばのまかないご飯

「お稽古や撮影で忙しいときほど、たんぱく質と炭水化物をしっかり摂って元気をつけます。ただし、手間ひまがかからないものに限ります。大根おろしとツナのパスタは登場頻度の高いわが家の定番。腹持ちもよく、ひとり分でも作りやすいの」（ばぁば）

ばぁばの定番、ちゃちゃっとご飯

●帆立缶で「北国ご飯」

（料理は162ページ）＊4人分

❶米3カップは炊く1時間前に研ぎ、ざるに上げて水気を切っておく。❷帆立貝（缶詰）2缶分は粗くほぐし、缶汁は取っておく。にんじん50gは皮をむいて1㎝の角切りに、しょうが1片とあさつき少量は小口切りにする。❸鍋に米、缶汁と水を合わせて3カップ分、酒大さじ3、塩小さじ⅔、薄口しょうゆ大さじ1½を加え、ひと混ぜして強火にかける。沸騰したら帆立貝を入れ、再度沸騰後ごく弱火で13～14分炊き、最後に一瞬強火にして水分を飛ばして火を止める。❹10分ほど蒸らして飯台にあけ、しょうがをふってふんわりと混ぜる。器に盛り、あさつきを散らす。＊炊飯器で炊く場合は、吹いてきたら手早く帆立貝を入れる。

Point
北国ご飯は帆立缶を使った炊き込みご飯のこと。極上のだしになる缶汁ごと使います。

●「ツナと大根おろしのまかないパスタ」

（料理は162ページ）＊2人分

❶ツナ缶（オイル漬け）1缶は身を粗くほぐす。青じそ20枚は真ん中に包丁を入れて筋を取り、くるりと巻いて細切りにする。❷大根おろし2カップ分は軽く水気を切り絞らないこと。❸細めのスパゲティー150gは袋の表示通りにゆでる。ゆでたてを2等分して皿に盛り、大根おろし（おろし汁も一緒に）、ツナ、青じその順に中心が少し高くなるようつんもりと盛る。しょうゆ適量をかける。

●パパさんが大好きだった「葱餅《ツォピン》（ねぎもち）」

＊2〜3人分

❶もち5個は2等分に切る。ねぎ2本は1㎝幅の斜め切りにする。❷フライパンにサラダ油大さじ2、バター大さじ1を入れ、火にかけ溶かす。火を止めてねぎの半量を広げ、もちをのせ、その上に残りのねぎをのせる。❸酒・砂糖各大さじ3、みりん大さじ2、しょうゆ大さじ3強を順に加えて蓋をし、中火にかける。煮立ったら弱火にし、もちが4〜5分でとろっとしたら完成。

腹持ちのいいおもちで簡単に。

●お千代さんの「ライスカレー」

（料理は163ページ）＊4人分

❶豚バラ肉300gは食べよく切る。❷じゃがいも3個（400g）、にんじん1本（100g）、玉ねぎ2個（200g）は皮をむき、7〜8㎜角に切る。じゃがいもとにんじんは水に放し、ざるに上げて水気を切る。❸鍋に②を入れ、水5カップを張る。ローリエを加えて強火にかける。煮立ったら豚バラ肉とカレー粉大さじ1を入れ、中弱火にしてアクを引きながら野菜がやわらかくなるまで煮る。❹水溶き小麦粉大さじ4を少しずつ加え、木べらでよく混ぜる。塩小さじ3、砂糖大さじ½、酢・しょうゆ・ウスターソース・トマトケチャップ各大さじ1、こしょう少量、さらにカレー粉大さじ3を入れ、味を見ながら調味し、③と混ぜる。❺大きめの皿にご飯を盛って④をたっぷりかけ、福神漬、らっきょう、プチトマト適量を添える。

Point
材料はさいころ状に揃えて、口当たりよくします。

ごちそう

季節ごと、行事ごとに家族の祝い膳があります

お正月に始まり、お雛祭り、端午の節句、お盆、お彼岸……と、日本には季節の行事がありすます。また、お花見や運動会、お誕生日や入学・入社祝いと、家族の祝いごとも目白押し。そして祝いごとに欠かせないのが、おごちそうです。

前述しましたが、お正月は「黒豆」「田作り」「数の子」の祝《いわ》い肴《ざかな》三種（作り方は184ページ）とお雑煮があれば十分ですから、どうかこれだけはその手でお作りいただきたいの。黒豆は皺がよるまで息災に、田作りは豊作（商売繁盛）を祈願して、数の子は子孫繁栄を願ったもの。

お雑煮は、各地方、各ご家庭によってそれぞれ特色があり、おみそ汁や煮ものと並ぶ〝おふくろの味〟の代表格といえます。わが家では、お千代さんの時代から、三が日はいくらがたっぷり入った「南部雑煮」を、4日目以降は千切り大根を中心ににんじん、油揚げなどを入れ、おみそで味を調えた「ひき菜雑煮」をいただくのが習慣になっています。

また、冬はあわびの季節。ばぁばの故郷である三陸地方ではこの時期、お祝いごとやお

具だくさん!
故郷の南部雑煮

短冊切りした大根、にんじん・ごぼうを順にゆで、鶏ささみ肉はそぎ切りにし、酒・薄口しょうゆをふる。だし汁に野菜を入れひと煮立ちさせたら、鶏ささみ肉を加え、塩・薄口しょうゆ・酒で調味。お椀に野菜を少量ずつ敷き、やわらかくしたもちをのせる（もちが椀にくっつくのを防ぐ)。紅白かまぼこ、残りの野菜、鶏肉、最後に酒をふりかけたいくらをのせ、熱いお汁を張り、三つ葉、ゆずを飾る。いくらをのせると正月らしい華やかさに。

客さまがあるときは、海の幸の横綱ともいうべきあわびとうにを椀だねにした「いちご煮」(作り方は187ページ）をふるまいます。火を通したうにを山の野いちごに見立て〝いちご〟の名がついたのだとか。あわびには雌貝、雄貝がありますが、青みがかって身の硬い雄貝は刺身向き、びわ色がかった身の少しやわらかい雌貝がいちご煮に使われます。磯の香りと極上のうまみ。吸い口には青じその千切りを添えるのが決まりです。

ちょっとぜいたくな食材を使ったり、手間ひまかけて作ったごちそうはそれだけで心躍りますし、家族や親しい人たちが集合する理由にもなります。そう、あなたの「おいしいものを食べてほしい」という相手を思う真摯な心が、みんなの心をひとつにし、大きな笑顔を生むのです。

ばぁばがまだ専業主婦で3人の子供たちが小さかったころ、気候のよい春秋には、お弁当をもってお花見や紅葉狩りに出かけたものです。といっても、向かうのは近所の公園でしたが……（笑)。

三段のお重に、卵焼きや煮もの、鶏の唐揚げなどをぎゅうぎゅうに詰めて家族揃って出かけ、「ごちそうだー!」と歓声を上げる子供たちと過ごす幸せな時間。心地よい風に吹かれながらおむすびを頬ばり、日が暮れる前に帰路につくだけの、サラリーマン一家のつつましやかな行楽でしたが、それは同時に、とても満ち足りた家族の時間でもありました。

これさえあれば大丈夫。ばぁばの祝い肴三種

「黒豆はアクがたくさん出るので、差し水をしながら煮ます。火にかけてからは目を離してはいけませんよ。田作りは、ポキッと指で簡単に折れるくらいまでしっかりから煎りを。数の子は薄皮の処理がすべてです。指先でちまちまと、ひだの内側もお見逃しなきように」(ばぁば)。

祝い肴三種

＊すべて4人分

●黒豆（料理164ページ）

❶ 水につけてひと晩おく

黒豆2カップはさっと洗い、8カップの水に浸けてひと晩おく。写真の左は購入時の黒豆。ひと晩水に浸けると写真の右まで膨らむ。「黒豆は昔から兵庫県丹波産の丹波黒大豆が立派で上等。新豆が出回る11月以降にお買い求めを」

❷ 強火にかけて沸騰させる

つけ汁ごと大鍋で強火にかけ、沸騰したら½カップ分の差し水を。アクを丁寧にすくい取りながら煮汁がつねに豆よりも2cm上にくるように。差し水をくり返し2時間ほど煮る。

Point

4度目の沸騰で弱火にしたら、アルミ箔で落とし蓋をしてコトコト煮る。途中で様子を見て、煮汁が足りないようならさらに差し水を。

❸ 砂糖を加える

豆が指でスッと潰れるくらいになったら砂糖3カップを加えて20分煮る。「皮が破れやすいので、お玉でかき混ぜたりしないのよ。時間がしっかり煮てくれますから、見守っていればよいのです」

❹ しょうゆを加えてひと煮立ちさせる

最後にしょうゆ大さじ1を加えてひと煮立ちさせ、火を止める。そのまま煮汁に漬けた状態で一昼夜おいて、十分に味を含ませる。

●田作り（料理164ページ）

❶ 弱火で煎る

田作り（ごまめ）50gは半量ずつ油気のないフライパンに入れ、弱火にかける。焦げないように菜箸で軽くあたりながら、指で簡単にポキッと折れるくらいになるまで煎る。

❷ 調味料と絡める

鍋に水小さじ2、砂糖大さじ2、しょうゆ大さじ1を入れて弱火で煮詰め、大きく泡立ったら田作りを一気に加えて手早く絡める。

❸ 酒をふる

酒小さじ1をふってひと混ぜする。

❹ 冷ます

バットにあけて、田作りを広げながら冷ます。

●数の子（料理は164ページ）

❶ 塩抜きする

数の子（塩蔵）300gは薄い塩水適量に浸け、2時間から半日ほどおいて塩抜きをする。食べてみて、ほんのり塩気が残るくらいで水洗いをし、薄皮を丁寧にむく。

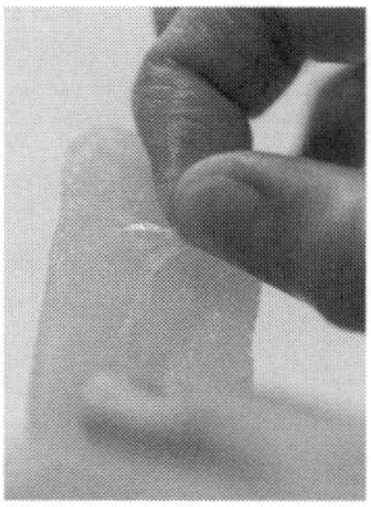

❷ 味を含ませる

だし2カップ、酒大さじ3、薄口しょうゆ大さじ2を合わせ、中火でひと煮立ちさせたら、常温になるまでよく冷ます。密閉容器に移して数の子を浸したまま、冷蔵庫で2〜3日寝かせ味を含ませる。

数の子アレンジメニュー

●松前漬け（料理165ページ）＊4人分

❶するめ2枚、昆布30㎝、にんじん小1本、細切りにし、ひと口大に切った数の子適量をボウルで合わせる。❷酒・みりん・しょうゆ各⅔カップを小鍋に入れて火にかけて煮切って冷ます。①にかけて和えて冷蔵庫へ。ときどき混ぜながら寝かせて、昆布に粘り気が出てきたら完成。

楽しみたい日、奮発したい日。ばぁばの家のおごちそう

「昼食をお重に詰めて、近所の公園でパパ、子供たちと週末のひとときを過ごしたものです。お弁当って、愛情の伝言箱だと思います。お弁当箱が空っぽになっていると、嬉しくなるのね。『今日も愛情をおいしくいただきました』という返信だと思うから」（ばぁば）。うにやあわび、松茸などの高級食材で、たまにワクワクするひとときも良いものです。

Point
おかずはひと口でいただける工夫を。お弁当に詰めるときは、水分をよく切ってくださいね。

ばぁばのお楽しみメニュー

●行楽弁当（料理167ページ）＊4～5人分

【鶏の丸とこんにゃく】鶏ひき肉300gに溶き卵½個、生しいたけのみじん切り大さじ2、玉ねぎのすりおろし大さじ1、酒大さじ½、薄口しょうゆ小さじ1、砂糖小さじ2、塩少量を加え粘りが出るまで混ぜる。沸騰した湯に丸めた鶏だんご（鶏の丸）を入れ、浮くまでゆでる。別の鍋にだし汁2½カップ、薄口しょうゆ大さじ2、酒大さじ1、みりん大さじ4、塩少量を加えてひと煮立ちさせ、鶏だんご、ゆでてひと口大にしたこんにゃく¼枚分を加え煮込む。鶏だんごとこんにゃくを串に刺す。

【さわらの若菜焼き】卵黄1個に塩少々を加え溶き混ぜる。さわら4枚に卵黄をたっぷり塗り、卵黄が乾く程度まで焼く。若菜焼きは黄身焼きともいう。

【もろきゅう】蛇の目きゅうりに、みそ、たたき梅をのせる。

【にんじんのグラッセ】作り方は105ページ。

【ゆでブロッコリー】ブロッコリーは小房に分け、塩ゆでする。

【だし巻き卵】作り方は157ページ。

【牛のたたき】作り方は105ページ。

【かぼちゃの甘煮】作り方は153ページ。

【酢どりれんこん】作り方は117ページ。

【紅白かまぼこ】飾り切りする。

【型抜きご飯】青のり、梅を飾る。

【苺】へたをとる。

ばぁばの郷土料理メニュー

●いちご煮（料理166ページ）　＊4人分

❶あわび1個は殻から外してたわしで汚れを落とし、ヒモ、肝、貝柱の口を包丁で切り離して薄切りにする。❷鍋にだし4カップを入れて火にかけ、塩・酒各少量を加えて、煮立ちを待つ。❸あわび、生うに150gをお玉などに入れてだしにくぐらせ、さっと火を通す。お椀に③を盛りつけてだしを張り、細切りにした大葉5枚を各椀に散らす。

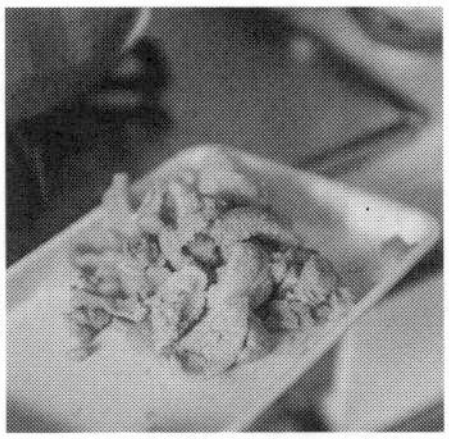

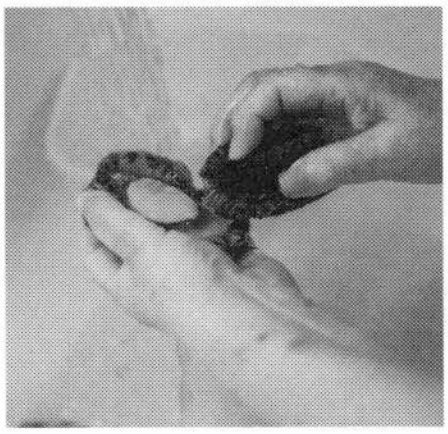

Point
故郷、青森のうにとあわびのお吸いもの。うにがいちごのように見えるから「いちご煮」。

●松茸の土瓶蒸し　＊4人分

❶松茸2本は石突きの根元を鉛筆を削るようにそぎ落とす。縦に薄切りにし、バットに並べ、酒適量をふりかけ、香りを立たせる。❷鶏ささみ1本は筋を取ってそぎ切りにし酒適量を絡め5分ほどおく。❸だし400ccに塩小さじ$\frac{1}{3}$、薄口しょうゆ少々を加え煮立てる。❹土瓶に薄切りしたかまぼこ2枚分、松茸、鶏ささみ、ぎんなん適量を入れ、③の汁を入れる。❺④を焼き網に並べガスコンロにのせてひと煮立ちさせたら、酒適量をふり、結び三つ葉を入れて蓋をし蒸らす。❻すだちを絞っていただく。

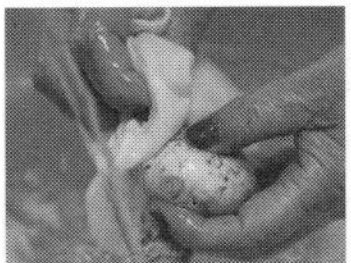

Point
輸入ものの松茸は水で軽く洗っておきます。

第4章

誰も教えなくなった食のルールとマナー

盛りつけ

日本料理は、目と舌で味わう〝俳句〟。盛りつけは〝歌仙〟です

コロナウイルスの感染拡大による外出自粛や在宅勤務への移行で、家族全員で毎日三食、一緒に食卓を囲む生活が多くなりました。平日の昼食を一緒に食べるのは結婚以来はじめて……というご夫婦も多いのではないかと察します。

スーパーのお惣菜売り場やお料理の宅配が大盛況とのことですが、その一方で、お料理本やインターネットのレシピ検索が人気とも聞きます。ウイルスに負けない免疫力をつけるためには、バランスのよい食事が不可欠です。どうせおこもりするのなら……と、お料理を楽しむ方も増えているのではないかしらと、ばぁばはちょっと嬉しくなるのです。「おいしく食べることは、楽しく生きること」だからです。

本書ではこれまで、下ごしらえのコツからお料理の完成までを詳しく解説してまいりました。あとは器に盛って食卓に並べるだけなのですが、日本料理は器選びと盛りつけも味のうち。料理をさらに昇華させる盛りつけのコツをご紹介いたしましょう。

食材の形や大きさがまちまちで悩ましいのは、天ぷらやフライの盛り合わせ。これらは

揚げもの同士で油が移らないよう、重ねないことが大前提です。

まず、器に懐紙《かいし》を敷きます。これは油を吸わせるためだけではなく、油が器にしみ込み傷めるのを防ぐ目的もあります。キッチンペーパーはだめですよ。せっかくカラリとおいしく揚がったえびも、しょぼくれた風情になりますからね。懐紙は高いものではありませんし、あれば重宝しますから、ぜひお買いおきください。

天ぷらは天高く、和えものはつんもりと、刺身は日本庭園風に

天ぷらに限らず、日本料理の盛りつけにおいて大切なのは〝立体感〟です。そのため、高さを出すように上向きに盛るのが基本です。

天ぷらやフライでは、器の中央奥にいかやしいたけなど大きいものを土台として置き、そこに立てかけるように尾を上にえびを盛ります。これで盛りつけの中心が決まりました。あとは順にバランスを見ながらえびの両脇に立てかけていきます。ピーマンやなすなど、小ぶりで色味があるものはいちばん手前に盛りますと、よい差し色になります。ただし、あれもこれもとてんこ盛りにしてはいけませんよ。

次に和えものですが、これは手と箸の巧みなコラボレーションがポイントです。

たとえば、「いんげんのごまよごし」（作り方は119ページ）を盛りつけるとします。お箸を持つほうの手に菜箸、そこにあいている方の手を添えていんげんをつかむようにし

て器に入れます。絶対に手だけでわしづかみにしてはだめよ。必ず菜箸やへらなどに添えるのですよ。また、器いっぱいにいんげんを詰め込んでもだめ。中央に小さな山を作るようにこぢんまりと盛りつけること。箸先で頂上を作るつもりで、ちょっと上につまみあげると様子よく収まりますよ。

撮影のときなど、ばぁばは最後に真上から器の中を覗き込んで、バランスを確認することがあります。自分の盛りつけを俯瞰で見渡すと、直すべきところが見つけやすいのです。

刺身に添える「つま」「けん」

刺身の「つま」は、刺身に添える野菜、花、海藻類などの総称。「つま」は盛りつけ方により呼び名が変わり、刺身に敷くときは「敷きづま」、材料に立てかけたり、柱のように盛りつけたりするときは「立てづま」、飾り切りの野菜や花などは「飾りづま」と呼ぶ。大根やにんじん、きゅうりなど細く切ったものは、鋭い剣に見立てて「けん」と呼ぶ。

お刺身は、やはり、さくを購入し食べる直前に切るほうがおいしいですね。

お刺身の盛りつけに不可欠なのが、「けん」「つま」「辛み」といった添えもの。「けん」は栄養のバランスを取ったり消化を助けたりするもので、白髪大根や、夏でしたらみょうがの千切りもよろしいわね。よく、白髪大根を「つま」と呼ぶのを耳にしますが、これは間違い。「つま」はお刺身に風味と彩りを添え、お薬味になるもののことです。防風、かいわれ大根、花穂、蓼、青じそ、あさつきなどが「つま」グループに該当します。そして「辛み」は、しょうがやわさび、溶き辛子などのこと。

大きめの皿にまぐろの平作りから盛りつけを始め、「けん」や「つま」をはさみながら、向こうを高く、手前を低くしながらそのほかの魚を並べます。このとき、似た色味の切り身を隣同士にしないことと、切り身と切り身の間に隙間をあけないように気をつけましょう。ちなみに帆立は、切り込みを入れて芽ねぎをはさみますと立体感が出ます。

そう、たとえば日本庭園をイメージしながら盛りつけるとよろしいわ。池（まぐろ）を中心にして、築山《つきやま》の庭石、小さな橋、色づく四季の花木……。お皿の中で貴女なりの美しい庭園をデザインすると考えると、ちょっと楽しくなりますでしょう?

また、焼きもの、和えものや煮もの、お吸いものの盛りつけにも、「けん」と「つま」のようなあしらいが必要です。「天盛り」と「吸い口」がそれにあたります。

天盛りとはお料理を盛りつけた最後にのせる飾りのこと。これには「このお料理には、まだどなたもお箸をつけていません」という証明書の意味合いがあります。一方、吸いもののお椀に季節の香りを添えるのが「吸い口」です。若竹椀に必ずといってよいほど浮かんでいる木の芽は春の吸い口にあたり、夏は青柚子《あおゆ》、秋から冬にかけては黄色に熟したゆずを使います。季節のものがないはざかい期には、白髪ねぎ、粉山椒、針のりなどを使います。白身の魚などの「椀だね」と季節の野菜の「椀づま」、ここに吸い口を添えて正式なお椀ですから覚えておいてください。(吸い口のいろいろは26ページ参照)

お皿の手前に添える「前盛り」とお皿の脇に添える「添え盛り」は、お肉やお魚など主菜に添えるつけ合わせのこと。焼き魚のつけ合わせは「前盛り」にするのが決まりです。青菜や酢どりれんこん、大根おろしなど、お口直しになるものを使います。ほんのちょっとでよいのですから、たとえば、ほうれん草などをゆでたときに全部おひたしにせずに2~3株残しておくと、翌日の焼き魚や煮魚にすぐ添えられて手間が省けます。煮魚の場合は、煮汁にちょんちょんと軽くひたしてから添えてください。

盛りつけにはルールがあり、客観性も必要です

高く盛ったり、彩りよく配色したり……。料理の数を奇数にするのも、バランスが取りやすい利点があります。日本の料理は、素材選び、栄養、味、そして見栄えとまさに素晴らしい総合芸術です。

刺身の盛りつけ

刺身は、向こうを高く手前を低く、なおかつ全体が丸く整うように盛るのがコツ。添えものは刺身の15%程度が理想的といわれますが、器が小さいときはやや控えめに。

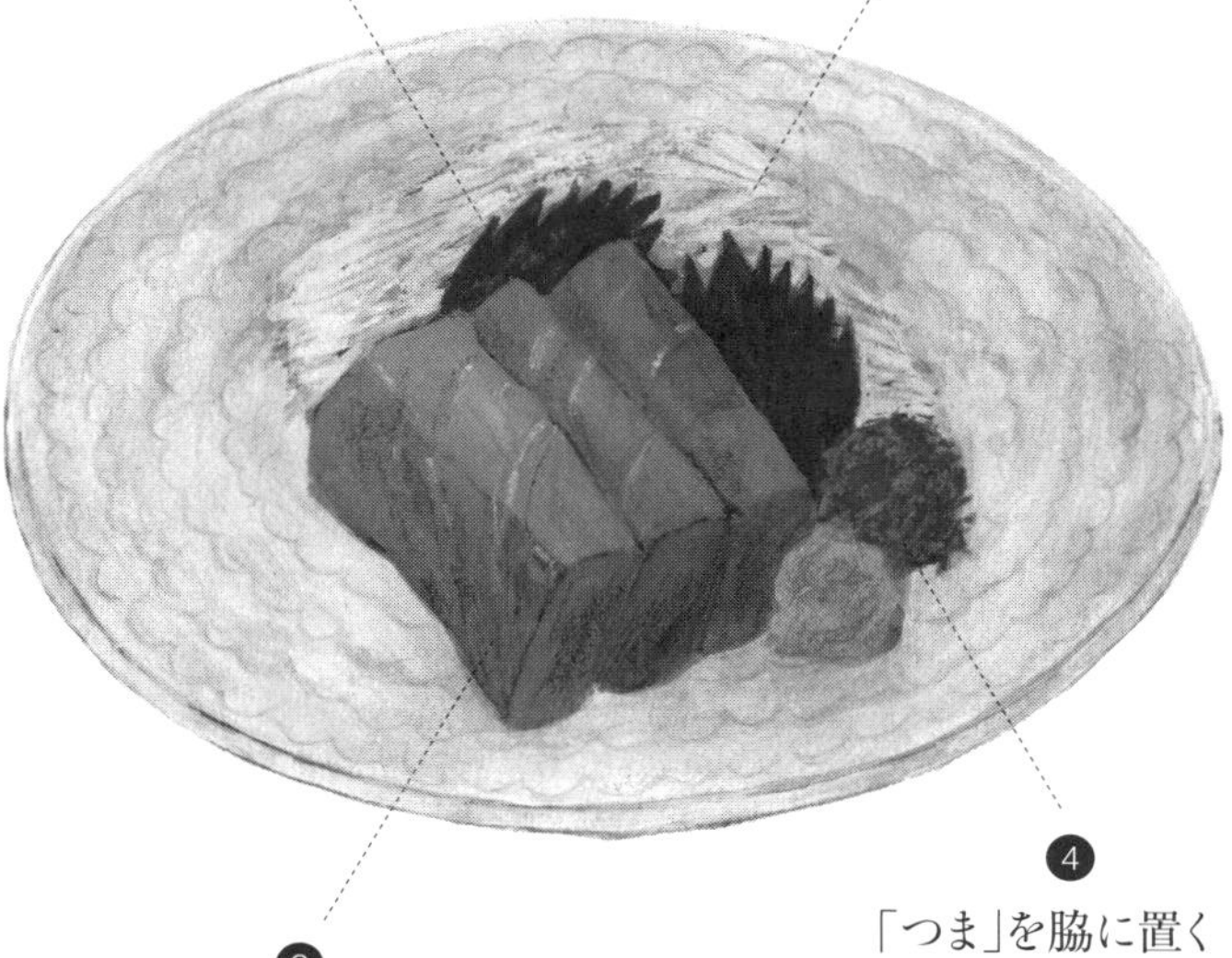
❶
「けん」を奥にこんもり盛る
刺身を立てかけるけん（みょうが、大根など）を、器の中央よりやや奥にこんもりと置く。
❷
「立てづま」をけんの前に立てかける
青じそなどの立てづまを、けんの手前に立てかけるように置いて区切りにする。
❸
刺身を盛る
立てづまにかかるように、刺身を3切れほど、少し斜めにして並べる。
紅たでなどの飾りづまを刺身の脇にまとめて置き、見えやすいところにわさびを置く。

天ぷらの盛りつけ

まず枕になるものを置き、これに立てかけるように順に盛っていくと、形を整えやすい。ひとつ取ったら崩れてしまった、ということもないので、食べやすさの点でも優秀な盛り方です。数が多い場合は、左右から中央の天ぷらに寄りかからせるように順に置いていきましょう。

❶ **懐紙を敷く**

懐紙（または和紙）を
半分に折り、「わ」を手前にして
器の中央にのせる。

❷ **枕になる天ぷらを置く**

枕（土台）になる天ぷら（あなごやいか）
を器のやや奥寄りに横長に置く。
土台として見えなくなる場合もある。

❸ **細長い天ぷらを立てかけていく**

細長い天ぷら（きすなど）を
❷の天ぷらに立てかける
ように中央に置く。

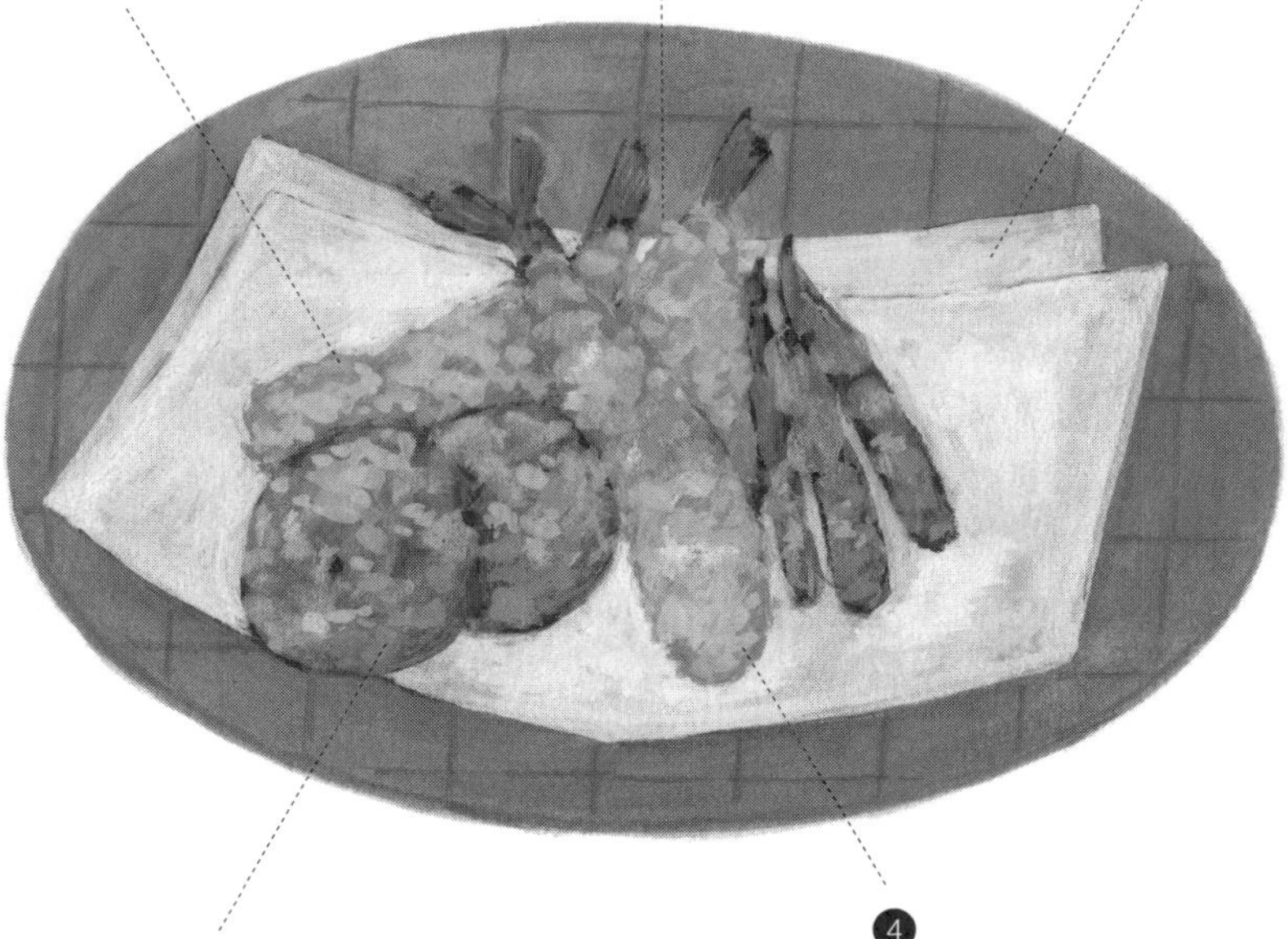

❹ **中央にメインを置く**

色よい大きなえびなど、
メインとなる天ぷらは目立つように、
手前に置く。

❺ **小さな天ぷらを脇に添える**

いんげんなどの緑色、しいたけの黒、
かぼちゃなどのオレンジ色などを
手前に置いて色のアクセントに。

煮もの、魚の盛りつけ

中央が高くなるよう、真ん中を頂点に盛るのが煮物の盛りつけの基本。夏は器の縁から少し出るぐらいの高さに、立体的に盛り、冬は縁より少し低めに丸く盛りつけ、温かみを演出します。大鉢に盛るときは、鉢の中央に盛るようにします。魚は、その姿を生かして盛るときは、「頭は左、尾は右」が鉄則です。焼くとき、煮るときには、表側がきれいになるよう火を通すことも大切です。

一種盛り

❶ 土台を作る。

❷ 中央が高くなるように重ね、色味のバリエーションが出るように並べる。

❸ 彩りとなる緑のものを散らす。

三種盛り

❶ 主となる食材を器の後方にたっぷりと中高に盛る。

❷ 添えになるものを左手前に控えめに盛る。

❸ 右手前に青いものを盛る。

寄せ盛り

筑前煮など材料がいろいろある煮ものは、分けずに寄せ盛りにする。最後に彩りよく整える。

天盛り

煮ものや和えものを盛りつけた天辺に、彩りや香りづけのために添えるものを「天盛り」という。これが崩れずについていることは、「まだ誰も箸をつけていません」という印にもなる。

基本の魚盛り

一尾の魚は、焼き魚でも煮魚でも、頭を左、尾を右に盛る。かれいは頭を左にすると裏側が表になるので、頭を右にする。「左ひらめ、右かれい」と覚えるとよい。

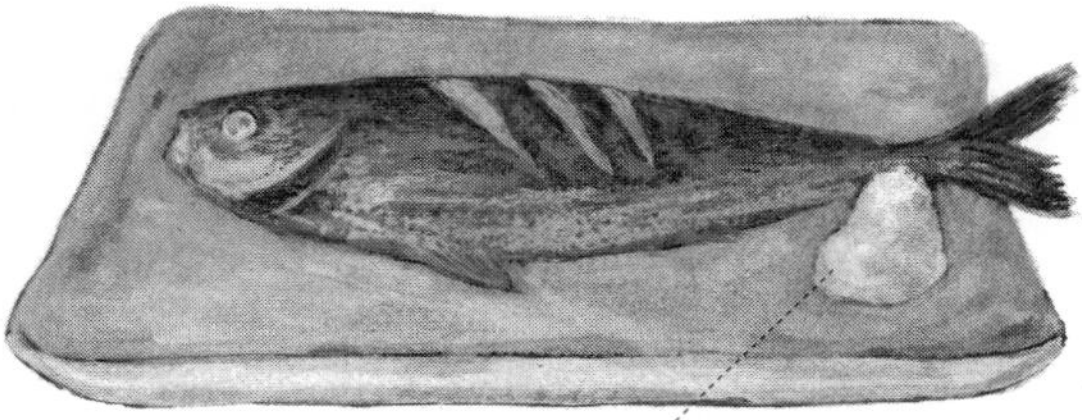

前盛り

焼き魚の添えものは「前盛り」といい、香りや彩りを添える役目のもの。口直しになる酸みや甘みのものを1〜2品、右手前に盛りつける。

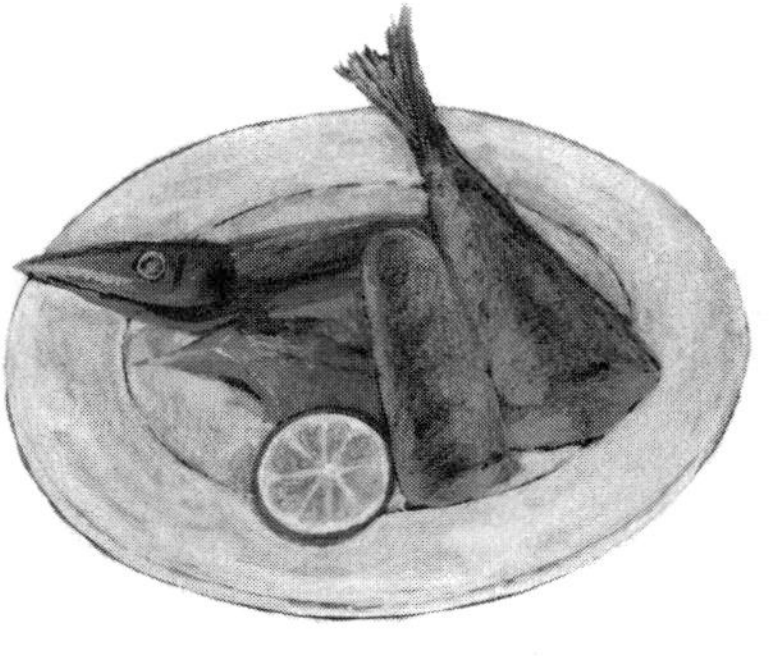

長い魚を盛る

かますやさんまなどは二つに切り、胴体の上に尾のほうをのせるなど立体的に盛りつける。

小さな魚は重ね盛り

小魚を数尾盛るときは、重ねて盛ると美しい。このほか、切り身を盛るときは、切り身を2、3切れに切って中央に盛り、器に余白を残すと美しい。

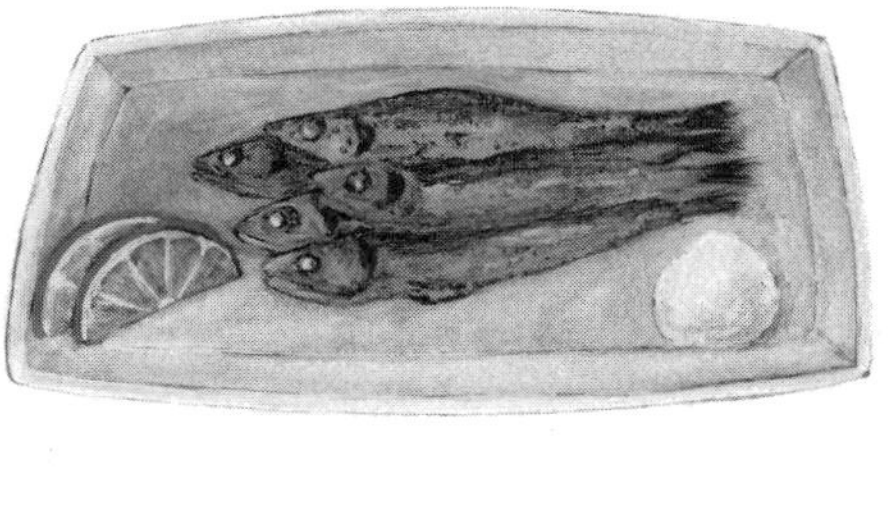

器

器はお料理にとって着物のようなもの。季節ごとに器も衣替えをします

お料理は、器と一体になってはじめて完成すると言ってもよいでしょう。ばぁばにとって器は大切な相棒であり宝物。お料理で器を選ぶだけでなく、気に入った器が手に入ったときは、何を盛りつけようかと献立を考えるのが至福の時間です。自宅には器とお道具を収納する専用の小部屋があるのですが、折敷《おしき》やお盆などぎっしり重ねたくないものは別室に収納しています。

娘たちには「まるで器の迷路ね。どこに何があるか覚えている?」と呆れられますが、さきほどまで手にしていた眼鏡はどこへ消えたのかと首をかしげることは日常茶飯事でも、お気に入りの九谷焼の六角鉢の居場所はピタリと言い当てられます（笑）。お料理と器の相性がピタリと合ったときほど、満ち足りた気分になることはありません。

日本料理で使われる器には、陶器、磁器、漆器、そしてガラスがあります。日本料理でおもに使われているのは、粘土を原料とし低温で焼き上げられた陶器。重みがあり、ざら

りとした感触が特徴です。美濃焼、益子焼、越前焼などが有名です。

磁器は石を砕いた粉砕物が原料。光沢がありつるりとした手触りが特徴で、陶器よりも硬くて丈夫。ナイフやフォークを使っても傷つきにくいので、おもに洋食器で使われます。日本では伊万里焼、有田焼、久谷焼などが代表格です。

漆器は縄文時代から作られていたと言われる日本の伝統工芸で、朱、黒、金を基調とした高貴な色合いと割れず欠けずの特徴から、祝い膳やおもてなしには欠かせない器です。英語では磁器を原産地に基づいて「Ｃｈｉｎａ」と呼びますが、最近では漆器は「Ｊａｐａｎ」と呼ばれるそうです。津軽塗、輪島塗をはじめ、全国に漆器の里があります。

そしてガラスは夏の御膳に欠かせない器です。漆器同様に、日本最古のガラスが青森県の亀ヶ岡遺跡から出土していますが、江戸切子、薩摩切子などに代表される日本のガラス工芸はため息が出るほど美しいものです。

日本料理は大まかに、本膳料理、会席料理、懐石料理、家庭料理に分けられます。ばぁばがお料理教室で用いているのは、会席スタイルのお献立。向付《むこうづけ》（刺身や前菜）、蓋向《ふたむこう》（蓋付きの煮ものや蒸しもの）、煮もの、焼きものなどを順にお出しして最後にご飯と汁椀、お菓子で締めます。

家庭料理の礎になっているのは懐石料理です。懐石とは温石でお腹を温める程度に空腹を満たす軽い食事という意味で、茶の湯で出されるお料理のこと。会席料理と違い、懐石

食卓を彩る食器類

〈染付、赤絵、塗りの器〉ぱっと食卓が華やぐ。

〈小さな豆皿〉色違い、絵がわりで並べて使うと、目でも味わえるごちそうに。

〈箸置き〉季節感を出して使い分けたい。「ばぁばは旅先で見かけて買ったものもたくさんあります」

〈小さなさじ〉塗りのものは、煮豆や汁粉用に、陶器のものは大根おろし用にと使い分け。「練りみそや、金気を嫌う料理には木地のさじを使っています」

膳にまずご飯と汁椀、向付が出され、その後で焼きものなどのお料理が続きます。ご飯とおみそ汁とおかず……の家庭料理の基本スタイルは、茶道の精神を引き継いでいるのです。

懐石にせよ会席にせよ、また、家庭料理においても、器は重要な役割を果たします。四季をひと皿のお料理で表現する日本料理は、それを盛りつける器にも季節感を必要とします。茶の湯でも、茶器を愛でるのが儀式になっていますでしょう?

できれば折敷とお箸置きのご用意を

また、ばぁばは、器はお料理にとって着物のようなものだと思っています。季節に応じて、袷《あわせ》、単衣《ひとえ》、薄物《うすもの》と着分ける着物は、纏う人の品格とセンスも一目瞭然。器も同様に、お料理の質、ひいては料理人の感性を如実に映し出すのです。

〝旬の器〟とは何かと申しますと、季節の絵柄が描かれた器、たとえば春には淡い色合いに梅や桜柄を取り入れたもの。桜が描かれた飯碗や青磁の器もおすすめです。梅や桜を型どった小鉢には和えものもいいですね。軽やかな磁器を基本にしますと、食膳が明るくなります。

夏は、そうね、ばぁばなら、文字通り瓜のような面長な木瓜皿《もっこうざら》に焼き魚を盛り、切り子の小鉢にキンと冷やした酢のものを。おもてなし用に、冷酒用のちろりを用意します。夏ならではの趣ですわね。

秋には紅葉をアクセントにしっとりとした情緒を演出。おもてなしの機会が増える冬は、大胆で華やかな大鉢の出番。あえてシンプルな取り皿を添えるのがコツです。また、蓋つきの小鉢はそのまま食卓に出せて便利。佃煮や焼いてほぐした鮭など、ちょっとご飯のお供になるものを保存しておきましょう。

家族の食卓に並べる器は、高価である必要はありません。ただ、気に入った器は何客か揃いで持っておきますと、おもてなしにも重宝します。

そして願わくば、折敷かお盆、そしてお箸置きをご用意していただけましたなら、ばぁばにとって何よりの幸せでございます。折敷は器や料理が映える効果もありますし、何より食事を大切にいただこうという心が生まれます。ランチョンマットでもいいんですよ。お箸置きは、箸の先が食卓を汚したりするのを防ぎます。正しいマナーも身についてきますよ。

日本人として覚えておきたい器のミニ知識

懐石料理はご家庭の料理とはあまり関係ないと思っておられるかもしれませんが、じつは家庭料理の基礎の部分は、器にしろマナーにしろ、懐石料理での教えが土台になっています。それは、お腹を温かいお料理で癒してくださいという、召し上がる方へのもてなしと慈愛の心なのです。懐石料理の基本を知っておきましょう。

懐石料理の基本

折敷《おしき》

膳の一種。今でいうランチョンマットに当たる。各人のお膳があると食卓が整然とし、美しい所作や作法が身につきやすい。

向付《むこうづけ》

折敷の手前に飯椀、汁椀、そしてその向こう側に置くことから「向付」と呼ばれる。刺身の場合がほとんどだが、小ぶりに作り、つまは1～2種類、つけじょうゆを添える代わりにかけ酢やかけじょうゆを少量注ぐ。

汁椀

汁椀は、折敷の手前右側に置く。

飯椀

飯椀は、一番よく手に持つ器なので、折敷の手前左側に置いて取り上げやすく。茶席では、やわらかめの炊き加減で出すが、これは「あなたのために炊きたてを用意しましたよ」という意味。

懐石料理とは、「ほんの空腹のしのぎに」という意味で出される茶席での料理のこと。禅僧が断食して座禅を行うとき、寒さと空腹を耐えるため温めた石（温石）を懐に入れたことから〝懐石〟と名づけられたといわれています。

献立の基本は、一汁三菜。折敷にのせたご飯、汁椀、向付、煮もの、焼きものの順に出し、さらには箸洗い（小吸いもの）、八寸、湯斗《ゆとう》（お焦げやいり米を入れた湯）と香のもの、と続く。焼きもののあとに強肴一～三種を加えることもあります。

いわゆる松花堂《しょうかどう》弁当は、この懐石料理のミニフルコースをひとつの器に盛り込んだもの。懐石では松花堂弁当のような簡単な形式を「点心《てんしん》」と呼びます。

ちなみに料亭で出されるのは会席料理。懐石料理とは別もので、宴席での豪華な料理も会席料理になります。

八寸《はっすん》

八寸とは、八寸（約24㎝）四方の木地の盆にのせて出すことから呼ばれている名。亭主が、客と酒のやり取りをしてもてなすための肴を出す。料理は、海のもの（動物性のもの）と山のもの（精進もの）の二種類が一般的。季節にあったものを選ぶ。

銘々箸《めいめいばし》

取り箸

箸

懐石は、焼きもの、鉢もの、香のものは取り回すのが基本。その際、取り箸を使って、銘々が順番に料理を取って、器を回していく。取り箸は、茶の湯の流派によりいろいろあるが、青竹、白竹を使うことが多い。銘々箸には、両端が細くなった利休箸《りきゅうばし》を使う。ご自宅での料理でも、大皿料理には、直箸で取らないように、取り箸を添えたいもの。

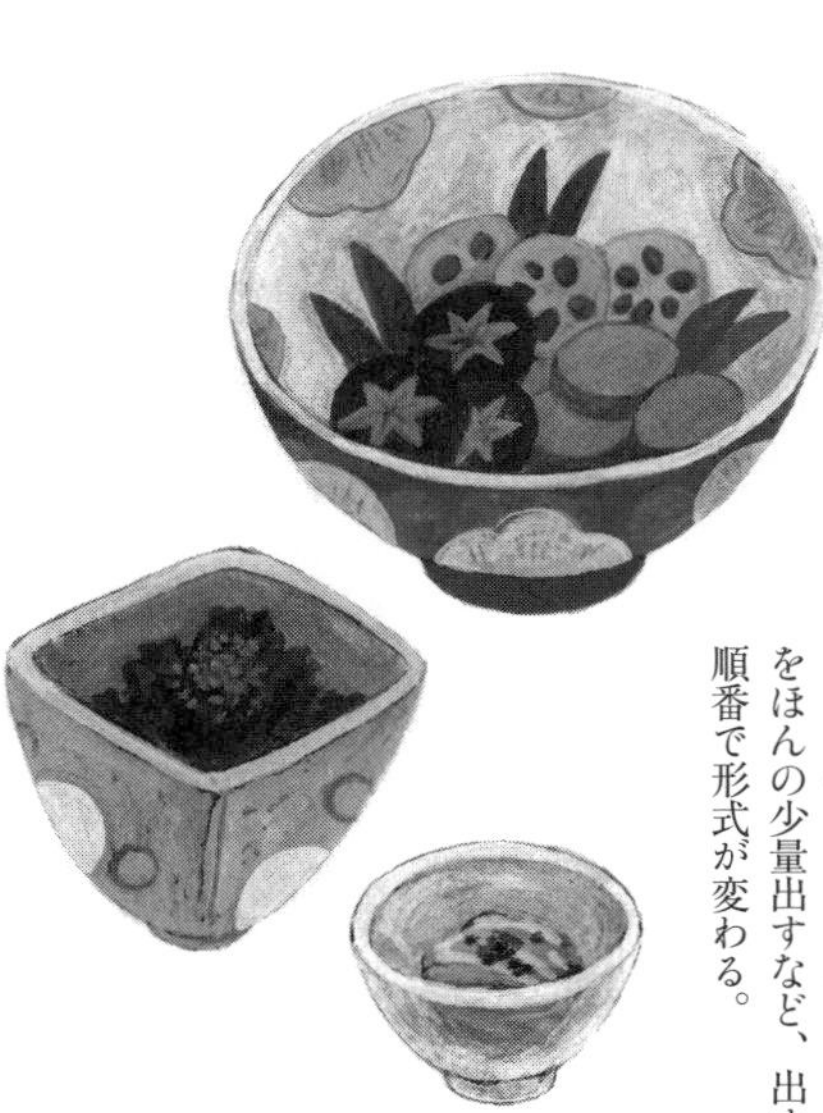

強肴《しいざかな》

強肴は、一汁三菜、箸洗い、八寸以外で、亭主の心づくしで出すもう一品。「強いてもう一品すすめる肴」という意味がある。炊き合わせや和えもの、揚げもの、塩辛いものをほんの少量出すなど、出す順番で形式が変わる。

冷たいものは器も冷たく、温かいものは器も温かく

器も、夏と冬で衣替えをいたしましょう。ガラス、磁器、陶器など素材違いで、手に取ったときのひんやり感や温もりなど、受ける印象が変わります。ちょっとした心配りで、季節によりそった食卓になるはずです。

【夏の涼】ひと工夫

〈**冷たい料理**〉和えものやサラダ、冷やしそうめんなど、冷たくいただきたいものは、器をあらかじめ冷蔵庫に入れて冷やしておく。
〈**お客様のとき**〉あらかじめよく冷やしたコップに、冷たい飲みものを出すと喜ばれる。
〈**涼しげな器**〉ご飯茶碗をはじめ、料理を盛る器は深めの器ではなく、口の広い器や浅めの器が涼を感じやすい。ガラス器や磁器を多用したい。

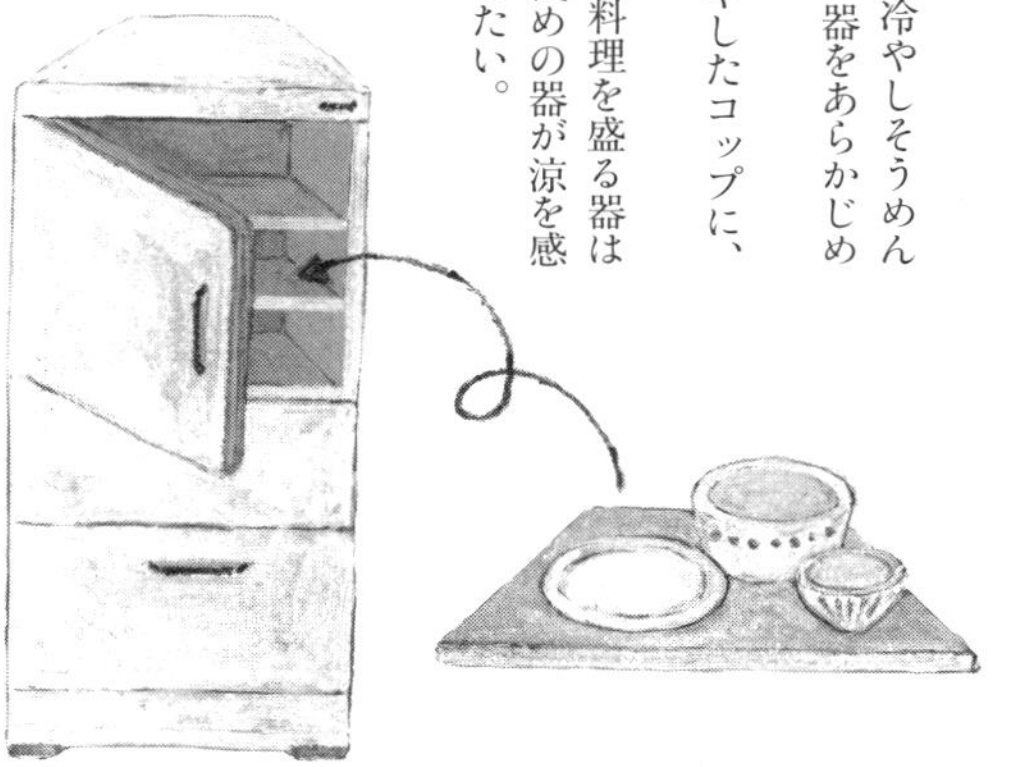

【冬の暖】ひと工夫

〈**温かい料理**〉寒い冬は、器も温かくして料理を出したいもの。「ばぁばの家では、熱い湯の中に器を入れて温めています」
〈**温かく感じる器**〉熱が逃げないよう、深めの器がおすすめ。ぽってりとした陶器なら、手触りもよく温かみも感じやすい。

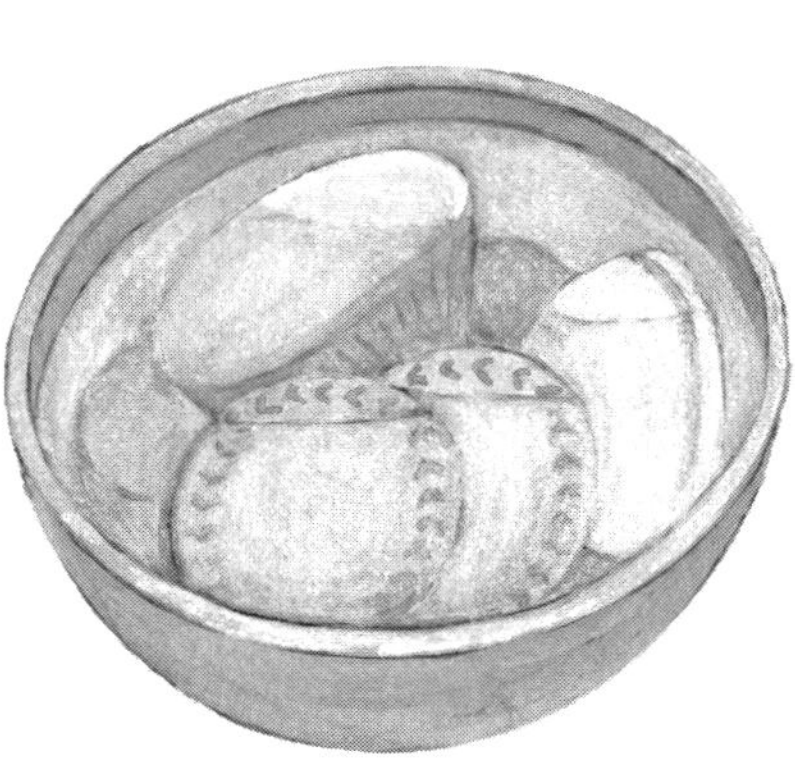

【四季の器】ひと工夫

春

「梅や桜柄などの器がひとつ入るだけで、やわらかな春の陽光を感じます。梅が描かれた蓋つきの飯碗と奥に見える大鉢は京焼。漆の汁椀は平泉の秀衡《ひでひら》椀《わん》。中央にある耳つきの小鉢はばぁばのお気に入りで、和えものにぴったりです」

夏

「昔はガラスの器は夏にしか使えなかったの。右奥の蓋つきのガラス椀には冷やしたお煮もの、その左は焼きもの用の木瓜皿です。名前通り、まるで瓜のようでしょう？　またお酒もちろりでお出しすると風流です。夏は折敷も衣替えし、秋田の天然杉で涼やかに」

秋〜冬

「秋のモチーフはやはり紅葉。手前の紅葉のお皿には、たとえば『さんまの両妻折り焼き』をあしらうと完璧ですね。冬のおもてなし膳には、ばぁばはあえて目にも鮮やかな朱色が美しい輪島塗の大きな折敷を使い、器も華のあるものを使います」

ばぁばのお料理教室では、器を愛でる楽しみも学んでいただいています

母・お千代さんから受け継いだ器、旅先でひと目惚れして大事に持ち帰った器……。100年超のアンティークや有名作家の貴重な作品でも、ばぁばは料理教室で惜しみなく使用しています。「よい器とは何かを知っていただきたいの。そして、大切に扱うこともね」（ばぁば）

ある日のお教室、器の実例

彩りとバランスを考えて盛る

「美しい江戸切子の前菜皿は、お料理を思案するのがとても楽しくなります。ここにいわしの酢締めをおいて、ここはかにと枝豆の寄せものにつゆしょうがを落として……と、どんどんアイディアが浮かぶのです。器にお料理を合わせる楽しみですね」

幅よりも高さ。中央にこんもりと

「大鉢だからとてんこ盛りにしてはいけません。とくに柄ものの器は、その艶やかな紋様が見えてこそ。器の中央に、少ないかな……と思うくらいの盛りつけでちょうどよいですよ。幅よりも高さを出すようになさると品よくまとまります」

蓋つき皿の楽しみ

「蓋つきの器は、何が入っているのかしら……とわくわくします。ご飯ものといえば、普通はお茶碗か丸皿なのですが、ばぁばはまぐろの手こね寿司を入れてみたの。そうしたら『わぁ！』という歓声が上がって、まさに開けてびっくり玉手箱でした（笑）」

お食事後の定番〝太閤《たいこう》さん〟

「ばぁばの大のお気に入り。金や朱色で彩られたキンキラキンのお茶碗は、昔々に旅先の高知県で、ひと目惚れして購入したものです。派手好きで知られた豊臣秀吉公がパッと頭に浮かんだので〝太閤さん〟と命名、今やお料理教室のお目付役です」

おさらい！　盛りつけと器の3か条

その1　器の余白を生かす

「取りやすく盛る」。これが盛りつけのいちばんの基本ですが、見た目の美しさも重要です。和の料理では、とくに〝余白の美〟を大切にします。器の余白を生かして盛ると、清潔感がありますし、適度な緊張感も生まれます。どうしてもきれいに盛れないという人は、いつもより少し量を控えめにしたり、コンパクトにまとめたりして、器の見えるスペースを多くしてみましょう。器の形や大きさによって変わるので、一概には言えませんが、余白を多めにするだけでも、かなりすっきりと美しくなります。

その2　季節に合わせて、器を使い分ける

和風料理でもうひとつ大切なことは季節感です。夏は平皿やガラスの器、かごものを用いて涼しさを、冬は深めの陶器や塗りもので温かさを演出します。盛りつけ方も、夏と冬では少し変えたほうがよろしいでしょう。夏には料理を散らすように盛ったり、あるいはつんもりとシャープに高く盛って涼しげに。逆に冬には寄せるように盛ったり、低めに丸みをつけて盛るなどで温かみを表現します。冷たいものを盛る器は冷蔵庫で冷やしておき、熱いものを盛る器は熱湯を張って温めておく、という気遣いも、おいしく召し上がっていただくための配慮です。

その3　手早く一気に、でも丁寧に

彩りを考え、全体のバランスをみながら丁寧に盛りつけていけば、誰でも、きれいに盛りつけられるものです。けれど、時間をかけすぎて料理の食べごろを逃したのでは、なんにもなりません。とくにお刺身や焼きもの、揚げものは、できたてがいちばんですから、キュッと集中して一気に手早く盛りつけていくことです。筑前煮のような煮ものや和えものなら、材料をひとつずつ箸でつまんで盛る必要はありません。玉じゃくしやれんげである程度の量を一度に入れ、それから箸で形を修正していけばよいのです。少量であれば、鍋やボウルの中でまず形を作り、これを箸でつまんで左手を添え、器の中に移します。いずれにしても、最後は自分のセンス。基本を覚えたら、あとは自由な発想で盛りつけを楽しんでください。

ばぁばの料理道具と鍋類

【道具類】

〈まな板〉プラスティック製のまな板は乾きやすいのが利点だが、包丁のあたりは、檜の木製がいちばん。「わが家では、佃煮やお菓子の入っていた杉折りの蓋も、魚介類の下ごしらえや薬味を刻むときなどに重宝しています」

〈包丁〉包丁は1本だけなら牛刀を。牛刀は万能包丁といわれるように、肉も野菜も切れ、魚もお刺身からさば程度までの大きさならおろせます。できれば、落とすだけでまっすぐに切れる菜切り包丁、お魚用の刺身包丁も揃えたい。

ざるは、水切り・乾燥などあらゆる場面で使うのでたくさん用意。

〈アルミの小皿〉大小のボウルやバットはもちろんのこと、直径15㎝前後のアルミ製の小皿もあると便利。数枚重ねておき、ひとつ切ってはのせ……と順に使っていくと効率がよくなる。

〈すくい網やスプーン〉目の粗いすくい網は、魚を熱湯にくぐらせて氷水に放すとき、わかめや魚介類を湯通しするときに便利。小さな竹スプーンは、和え衣を混ぜたり盛ったり、みそを練ったりなど小回りが利くので、持っていると重宝する。

【鍋類】

〈鉄の中華鍋〉チャーハンなどの炒め物には、鉄の中華鍋を。熱まわりがよく、短時間で食材のうまみを閉じ込め、余分な水を出さない。「鉄分は女性の体にもよろしいの。まず火をつけて、その次に油を入れると、鉄が強くなっていいんですよ」

〈アルミ鍋〉「ご飯は、アルミの炊飯鍋で炊いています」。吹きこぼれがなく、炊き上がりも見極めやすい。最近は炊飯用の優秀な土鍋や鉄鍋も売っている。直火炊きのご飯の味は格別。

〈銅製の卵焼き器〉熱伝導率のいい銅は、弱火で卵の味と栄養を保ちながら、ふんわりと仕上げることができる。最初のうちは油ならしが必要なので、初心者はフッ素加工のものでも。

軽くて熱伝導のいいアルミ鍋は浅いものから深いものまで揃う。

作法

「いただきます」のあと、最初に手に取るのはお茶碗。お茶はお食事の最後にいただくのが作法です

ばぁばの母は生前、「ようすがいい」という褒め言葉を好んで使っていました。おもに女性を評して使うことが多かったのですが、ひと言でいえば「立ち居ふるまいが美しい」、あるいは今風なら「格好いい」といった感じでしょうか。

とくに〝食べる〟という行為は、親を手本とし、親に教えられて身につけたもの。食事の際のふるまいや食べ方には、その人の素性、品性が表れるといってよいでしょう。

現在、子育て真っ最中の方や、お孫さんがいらっしゃる方、もしくは結婚を控えたお嬢さんもこの本を読んでくださっているかもしれません。口うるさいばぁさんからの最後のお小言として、以下、「ようすがいい」女性であるために、身につけるべき基本マナーをぜひ、覚えておいていただきとうございます。

一　器より先に箸を持つべからず。

お食事の際、最初に手に取るのは器です。お箸ではありません。ましてや、テレビドラ

マなどで目にしますが、お箸を両手ではさんで「いただきまーす」と拝む「拝み箸」は言語道断の不作法です。また、受け箸（箸をもったままお代わりをする）、刺し箸（箸を料理に突き刺す）、ねぶり箸（箸を舐める）、寄せ箸（箸で食器を引き寄せる）などは〝嫌い箸〟といって、箸使いにおける禁じ手です。

二　手皿をするべからず。

「上品な食べ方」と誤解されているようですが、お料理をお箸で口に運ぶ際に、空いているほうの手を受け皿代わりに添える所作。一見、気遣いのように見えますが、もしも本当にたれなどが垂れたら、指の間からテーブルに落ちませんか？　また、汚れた手はどこで拭くのでしょう？　手皿ではなく、小皿、あるいは茶碗や汁椀の蓋をお使いください。

三　お茶は最後にお出しする。

お茶がお食事のお供になるのは、外でお弁当を召し上がるときのみ……と心得てください。お食事には汁ものがついているのですから、お茶は最後にいただくのが作法です。その代わり、お食事がすみましたら、すぐにお茶をお出しできるよう、あらかじめお湯のみと急須をセットしておくことをお忘れなく。

また、最近ではペットボトルのお水やお茶を携帯している方も多いようですが、屋外では致し方ありませんが、訪問先の会社やお宅でボトルからグビグビと飲むのは大変恥ずかしいことです。ばぁばのお料理教室でも、初めてお稽古に参加された生徒さんが、テーブルにつくなり、ペットボトルのお茶をバッグから出してテーブルに置かれたことがあります。ばぁばは躊躇なく「ここでは、お茶は最後にお出しします。途中でペットボトルのお茶が必要になるようなお食事はございませんので、どうぞお捨てになって来てください」とお願いいたしました。

どうしても喉が渇くのなら、「お水をいただけますか?」とお願いすればよいのです。あるいはお湯のみをお借りして、目につかないようにさっと喉を潤す恥じらいをおもちになってくださいませ。

「鞄の底は靴の底」。ソファに座らせる必要はありません

よそ様を訪問する際にも、心得ておいていただきたいことがあります。

「どうぞお座りください」とすすめられて、お手持ちのバッグやブリーフケースなども椅子やソファに座らせる方がいらっしゃいますが、これは荒々しい無粋な行為です。サラリーマンだったパパはよく「鞄の底は靴の底」と言っていました。持ち物は必ず足元の床に置かれること。また夏場は、裸足で上がり込むことのないよう、靴下などを持参することもお忘れなく。

それから何人かで外食なさるとき、たとえば中華料理などは取り分けていただくことが多いですね。給士さんがいらっしゃらず、自分の分を取り分けたついでにみなさんの分もお取り分けする方もいらっしゃるでしょう。

じつはそれは余計なお世話です。取り分けている最中に取りこぼしたり、粗相があったら大変ですよ。もっと言えば、そのお料理が苦手な方もいるのです。せっかくのお料理を断るような立場に追い込まないこと。「お先に」とひと声かけて自分の分を取り、さっさと器と取り箸をお隣の方に譲ればよろしいの。これを「取り回し」と言います。懐石料理でもこの「取り回し」が基本になっています。

さらに、ばぁばがとっても気になっていることなのですが、おそばをたぐって食べる人がいますね。これはとても無粋な食べ方です。おそばやおうどんなど日本の麺は、そのコシ、喉ごしを吸い込む空気と一緒に楽しむもの。ズズズッと大音量を響かせる必要はありませんが、スルスルッとすする音も味わいのうちで、麺がのびないうちにさっさと食べるべきものなのです。

翻って、パスタはフォークでクルクルッと音を立てずに、ひと口でいただくのがマナーです。

そうそう、お寿司屋さんで「あがりをください」などと言ってはいけませんよ。正しいのは、「お茶をください」です。「しゃり（ご飯）」「ねた」もだめ。これらはいわゆる〝隠語〟で、素人の皆さんが口にすべき言葉ではないのです。「おあいそ」も然りで、本来はお店側がお勘定書きを渡す際に、「お愛想がなくて申し訳ありません」と添えていた言葉。「ごちそうさまでした」とひと言、お店の方の目を見ておっしゃれば通じます。ゆめゆめ、〝粋〟を取り違えることがなきよう、ご注意くださいませ。

お料理を食べる人への敬意、作る人への感謝。作法が表すのは、相手を思う心です

ご挨拶は人間関係の基本。おもてなしは礼節の基本です。「母は、『自分がよそ様に伺ったときに、ああ、気持ちよくもてなしてくださった……と思うように相手にふるまいなさい』とよく申しておりました」(ばぁば)。もてなすときも、先様宅にお邪魔するときも、心配りを忘れない。作法は、そのためにあるのです。

知っておきたい 食事どきのマナー

小さいころから お運びのお手伝いを

「鉄は熱いうちに打てと申します。お盆を運べるようになったら、子供にお給仕のお手伝いを。ばぁばも小さいころから、お客さまが食事中、お代わりなさりたいか様子を見て、すっとお盆を差し出せるようにと言われていました。お盆は、お客様のほうから見える面がお盆の正面になりますよ」

手皿は禁物。器を持っていただく

「手を受け皿にすると、ソースが手に垂れたりと、かえって粗相の原因になります。小鉢など掌に収まる器を手に持っていただくこと。取り皿がない場合は、お椀の蓋でもかまいません」

取り分ける際、人様のお世話は無用。「お先に」のひと声を

「一緒の席の方の分も取り分けてあげる、一見気が効くように見えますが間違い。お料理の取りこぼしや、粗相があっては大変です。さっと自分の分を取り、〝お先に〟とひと声かけて、次の方のために整えて、取り箸と器をお隣の方へ取り回しましょう」

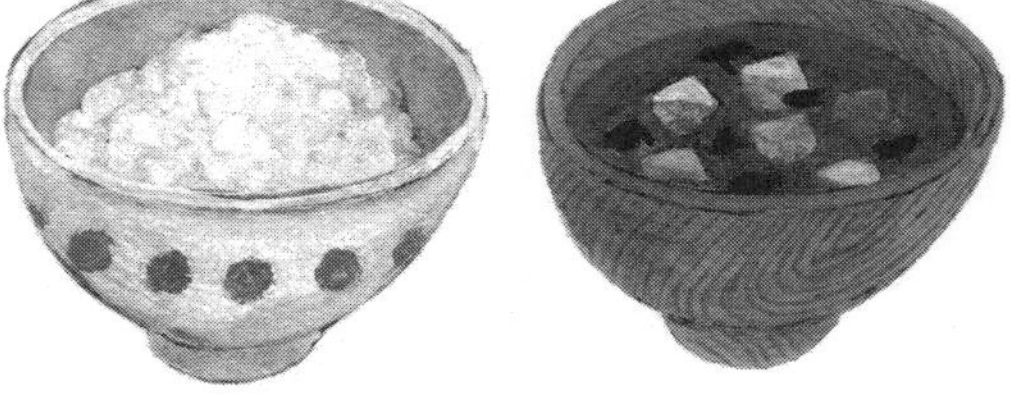

飯碗は左、汁椀は右に置く

「ご飯茶碗は向かって左、おみそ汁は右に置くのが配膳の鉄則。左利きの方は、〝いただきます〟のあとに、すっと左右を入れ替えましょう。お箸の向きも同様に」

家庭のしつけが一目瞭然。器の持ち方、箸の上げ下げ

「お食事の際、まず手にするのは器。お箸はそのあとです。もどすときは、お箸が先。食事中は、箸置きが汚れないよう箸先を長めに箸置きに出して置きます」

❶器を左手に持ったら、箸を右手で上から取る。

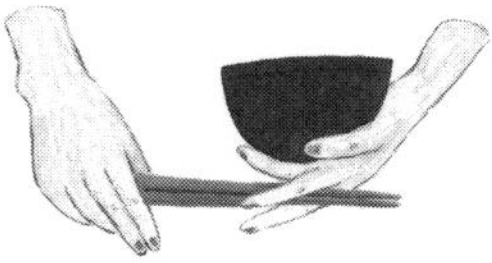

❷器を持ちながら箸の中央を、左手の人差し指、中指で一旦受ける。

❸左手に一旦もたせた箸を、右手で食べやすい形に持ち直す。

❹いただく。ちなみに、食べている最中、箸を置くときは箸置きより4〜5㎝箸先を出して置くこと。

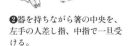

知らなかった⁉
外出先での
作法と常識

真夏に素足で外出。よそのお宅にそのまま上がらないこと

「足の裏はばい菌の巣窟。まして夏場は汗でベタベタです。素足にサンダルでお出かけになるのはよいけれど、
よそのお宅にお邪魔する際は、
必ず靴下を持参しましょう。
せっかく拭き清めた床を汚すことのないように」

よそのお宅にお呼ばれ。バッグはどこに置く? テーブルの上、ソファはNG

「自宅にもバッグ用の椅子は
ありませんでしょう?
お高いブランドものでも
所詮は〝物〟。
バッグの底も汚れていませんか?
足元の床にこぢんまりと
おまとめくださいね」

会食先で
蓋つきが出されたら……
飯碗の蓋、汁椀の蓋は
重ねて置く

「まず両手で蓋を取り、
大きいほうの蓋をクルッと
返して受け皿にし、
小さいほうの蓋を
下向きのまま重ねます。
そのまま邪魔にならない
御膳の外へ置きます」

❶大きいほうの蓋をひっくり返す。
❷小さいほうの蓋を①にのせる。

お寿司屋さん言葉の
「しゃり」「あがり」「おあいそ」は
素人が口にすべき言葉ではない

「お寿司屋さんなどでよく使われる言葉ですが、
これらはいわば隠語で、本来は素人の女性が
使うべき言葉ではありません。
『ご飯』『お茶』『お会計』をお使いください」

長い髪はキュッと束ねて
お食事をいただく

「片手で髪を押さえながら
お料理をいただく姿は不格好のひと言。
毛先が器に入ることがないよう、
あらかじめ髪をまとめておく気遣いを」

ペットボトルからの直飲みは、
〝ラッパ飲み〟と同じ。
美しい所作とは言えない

「最近はペットボトルのまま
お客様にお出しになることが多いそうですね。
屋外ではやむを得ないときもあるでしょうが、
本来、飲みものはコップや湯のみで飲むものです。
口をつけたものに蓋をするのも不衛生。
コップがあれば貸していただくようお願いを」

料理用語さくいん

※本文上段の解説、その他解説ページで
登場する主だった用語のみ載せています。

【米・麺類】

【その他】

【合わせ調味料】

【卵】

【豆、乾物、加工品】

続きは219ページへ→

食材別さくいん

【肉】

【魚介・海藻】

【野菜、きのこ】

＊参考文献『和風のおもてなしおかず』（マフィンおかずCOOKING　小学館）、『うちの幸せごはんめしあがれ』（講談社）、『登紀子ばぁばのお料理たしなみ帖』（家の光協会）、『ばぁば92年目の隠し味』（小学館）

＊掲載写真の一部は、「ばぁばの手仕事」（女性セブン連載　小学館）の取材時の写真を借用しています。関係者の皆さまの多大なるご協力に感謝申し上げます。

鈴木登紀子

日本料理研究家。1924年（大正13年）青森県八戸市生まれ。自宅で始めた料理教室をきっかけに、46歳のときに料理研究家としてデビュー。以来、料理教室を続けるかたわら、「今日の料理」（NHK）をはじめとするテレビ、雑誌、WEBメディア等で、家庭料理にこだわった和食の心を伝えている。その軽妙で上品な語り口とともに、「ばぁば」の愛称で人気を博す。1974年出版の『酢のものあえもの』（共著・宮野和子　グラフ社）をスタートに、『「ばぁばの料理」最終講義』（小学館）、『ばぁばの100年レシピ』（文化出版局）など著書は60冊を超える。

2020年12月28日永眠。

誰も教えなくなった、料理きほんのき

2020年11月14日　初版第1刷発行
2021年10月24日　第5刷発行

著者　鈴木登紀子
発行者　小澤洋美
発行所　株式会社小学館
〒101-8001　東京都千代田区一ツ橋2-3-1
編集　03-3230-5442
販売　03-5281-3555
印刷　凸版印刷株式会社
製本　株式会社若林製本工場

撮影／近藤篤・鍋島徳恭・澤井秀夫・坂本道浩
イラスト／石津亜矢子
デザイン／大塚將生・丸山恵（marron's inc.）
企画・文／神史子
編集／五十嵐佳世（小学館）
マーケティング／椎名靖子・野中千織（小学館）
制作／遠山礼子・星一枝（小学館）

ISBN978-4-09-310668-9